见识城邦

更新知识地图　拓展认知边界

刘刚　李冬君
- 著 -

文化的江山

01

文化中国的来源

中信出版集团 | 北京

图书在版编目（CIP）数据

文化的江山 . 1, 文化中国的来源 / 刘刚 , 李冬君著
. -- 北京 : 中信出版社 , 2019.10（2024.1 重印）
ISBN 978-7-5217-0355-9

Ⅰ . ①文… Ⅱ . ①刘… ②李… Ⅲ . ①史前文化 – 研究 – 中国 Ⅳ . ① K210.3

中国版本图书馆 CIP 数据核字 (2019) 第 063487 号

本书仅限中国大陆地区发行销售

文化的江山 01：文化中国的来源

著　　者：刘　刚　李冬君
出版发行：中信出版集团股份有限公司
（北京市朝阳区东三环北路 27 号嘉铭中心　邮编　100020）
承 印 者：北京尚唐印刷包装有限公司

开　　本：787mm × 1092mm　1/16　　印　　张：19.75　　字　　数：272 千字
版　　次：2019 年 10 月第 1 版　　印　　次：2024 年 1 月第 3 次印刷
广告经营许可证：京朝工商广字第 8087 号
书　　号：ISBN 978-7-5217-0355-9
定　　价：68.00 元

目 录

第1章 文明全新世与《山海经》世界

第2章 河姆渡猜想

第3章 良渚化世界

第4章 最早的中国——文化中国

引 言

发现文化的江山

历史上，其实有两种中国史观。

一个是二十五史里的中国，叫作王朝中国。

一个是贯穿了所有王朝的中国，叫作文化中国。

所有王朝，都在兴亡交替中，短则数十年，长则二三百年，都难逃一亡；唯有文化中国越千年，历百世，还在发展，凝然而成文化的江山。

江山自然生成，人居其中，文而化之，而成国家。

英雄行走大地，人与山川相映发，而使文明开化。

英雄从远古走来，从神话走向历史，留下一个传说时代，被结集在《山海经》里，无论成书于何时，它都留下了初民用文明初曙之眼看到的世界。

《山海经》之所在，是个自由的世界，而非大一统的世界，是英雄的世界，而非神的世界，其主体为人，是表现为形形色色的文明图式的万物之灵，而非神。

《山海经》的世界，不仅在传说中存在，还通过考古发掘出来。

在考古学的框架里，它被归纳为几个相互作用的文化区系，每一区系，都拥有一大批文化遗址，这些遗址，如满天星斗，覆盖天南地北，不仅存在于大河上下，按流域分布，还从山到海，从昆仑到蓬莱。文明的存在，对应了那个《山海经》世界。

初民都相信，文明的种子来自天上，所以，先要在高山上生长。昆仑是最高的山，不光是天下水源地，更是文明起源地。然后，文明还要顺着河流下山去，流域所至，择其要处，或为村落，或为城市，或为国家，唯有国家，才能使文明长大。

文明在全新世大暖期里生长，度过了人类最美好的一段时光。

在江南河姆渡文化里，我们看到了有别于《圣经·创世记》伊甸园的中国式天道伊甸园，我们相信，《庄子》里说的那些比炎黄还要古老的人物，就应该在这里出现，不能像史官文化那样将它们当作荒诞的寓言。还有仰韶文化，分布在黄河中上游，从那天真烂漫的彩陶上，我们看到了文化中国的起源。而良渚文化则在"从东南往西北"的历史运势线上，开辟了一条玉石之路，贯穿了长江与黄河两大流域，用玉文化融合了两大文化区系，就在以玉为标志的制度文明——礼制的产床上，一个"审美的国度"——文化中国诞生。

人类在全新世开启了一个新时代，那就是考古学上的新石器时代。从新石器时代走向青铜时代，这是世界文明史的通例。但中国却有一个例外，那就是，当西方文明正走向青铜时代时，中国文明则顺着新石器文明的惯性，进入一个审美的玉器时代。西方文明史视野下的古代国家起源于青铜时代，而中国文明史视野下的古代国家则起源于玉器时代，这是我们在研究中的一个重要发现，以此而有了不同于西方文明的国家观念。青铜文化的国家与玉文化的国家有不同的文明属性：青铜国家的本质，有着明显的暴力认同的特征；而玉制的国家，就如同玉本身，不具有青铜那样的暴力属性，呈现出文化认同的特性。

《山海经》的世界，就包含了青铜时代和玉器时代。考古学认为，《山海经》反映的世界，处于金石并用时期，还把玉器当作新石器的一部分。这显然是不够的，因为，玉器与石器的差异不在于材质，而在于功能。玉虽被称作“美石”，但其材质显然已不重要，重要的是那个“美”字，它强调了玉器的审美功能，以区别于石器的实用性。所以，我们更倾向于用审美的方式来称呼那个时代，不是称作“金石并用”，而是称为“金声玉振”。

相比之下，在《山海经》里，是“金声”初起，而“玉振”已大作，明显有一个玉文化的体系存在，叶舒宪在《山海经的文化寻踪》中谈到，在夏商周还没有开始，汉字也还没有出现的时候，在中国境内已经有八个文化是崇拜玉礼器的，中国在四千年前已经被玉文化先统一了。我们举双手同意他的这一说法，但他接着又说了一句，就是那时中国还没有，整个东亚这块已经被玉文化统一了。为什么要说“中国还没有”呢？那时，没有王朝中国，还有文化中国呀，那被玉文化统一了的不就是文化中国？好在还有我们认领。

用王朝中国的史官文化来看，《山海经》无非“怪力乱神”而已；从文化中国的角度来看，《山海经》的世界则是一座史前文化的江山，是文化中国赖以成长的摇篮。我们重读中国历史，尤其是文化中国的历史，要从《山海经》开始，《山海经》可以说是一部玉器时代流传下来的文化中国图志，虽为历代王朝所屏蔽，却被文化中国不断重启。

王朝中国是青铜时代的产物，代表着“金”，文化中国是玉器时代的产物，其本为“玉”，可以说，文化中国是礼玉文明的一个政治成果。以良渚文化遗址所反映的国家样式为例，我们似可确认，那是一个信仰与审美的国度，也有权威，但基于文化认同。

这样“文化中国”与“王朝中国”，就从根本上区分开了。因为，王朝中国是由文化中国“西化”而成的文明古国的改良版，所以，青铜时代的世界体系，终于在“金玉良缘”的王朝中国画上了完满的句号。四大文明古国中的三大古国相继消亡以后，继之而起的王朝中国，在与文化中国的互动中，又将文明古国的国脉延长了约三千年。

作为四大文明古国之一，中国的历史应该有五千年。可甲骨文的发现和殷墟考古，证明了孔子引用的"惟殷先人有册有典"（《尚书·周书·多士》），有文字记载的历史只有三千多年。但殷墟不是起点，而是高峰。那么，起点在哪里？孔子还说过"祖述尧舜"和"殷因于夏礼"，说明殷的前面还有个夏，说殷人继承了夏的礼仪制度，那就是已经把夏当作一个世袭制的王朝国家。夏的前面，还有尧和舜，他们的国家有可能是个尚贤与禅让的方国联盟。孔子追溯历史的起点到此为止，他不像古希腊人那样用神话作为历史开头，而是正相反——"不语怪力乱神"。到了太史公写《史记》时，其眼光超越孔子，将历史的起点追溯到炎黄，以黄帝为首，为炎黄子孙的历史开了个头，形成了帝王世系的历史和王朝史观的叙述方式。

夏在哪里？良渚文化用礼器——玉琮、玉璧、玉钺等所代表的一整套用玉制度为夏提供了中国最早的礼制文明的样式和古代国家起源的原型，而龙山文化则代表了正在发生的技术革命和文化转型，使文化中国向着青铜时代迈进。传说中，禹铸九鼎定九州，就标志着文化转型的完成，将良渚文化的陶鼎转变为二里头文化——夏墟的铜鼎，从此开始了问"鼎"中原。《易传》曰"革物者莫若鼎，故受之以鼎"，"革去故，鼎取新"。

二里头三期出土了青铜鼎，它是青铜时代到来的文化革命的象征，而最早将"鼎革"用于改朝换代的政治革命的，便是《易传》"汤武革命"里的那个"汤"。

就在夏墟不远处，距二里头遗址约六公里，又出土了一座偃师商城，属于商早期的二里岗文化，是"汤"以革命取代夏墟的硕果。有人说，它就是商都西亳，也可以这么说，它的地位，就像周人的东都，东都是克商以后建的。如果《尚书》所言不虚，那么《汤诰》有可能就是汤在偃师商城发布的革命宣言和战争动员令。与偃师商城同时，还有一座更大的郑州商城，相比之下，偃师商城更加军事化，实用性较强，神圣性和庄严感不足，缺少国之重器，尤其是缺了古代国家政权象征的鼎，如何“率民以事神”成为政治中心？

而郑州商城，不仅规模更大、规格更高，而且出土的国之重器多而配套，能充分满足首都对于神圣性和庄严感的要求，这是首都之所以成为首都的一个必要条件。我们假设一下，汤革命成功以后，要举行一次盛大的国家庆典，祭祀他的祖先和“帝”，当时有郑州商城和偃师商城两地可供选择，他会选择哪里？是在作为前线的偃师商城、原来的夏墟附近，还是在殷人发祥地、作为礼制文明中心的郑州商城——亳墟？回答无疑是后者。

为什么说郑州商城是礼制文明的中心呢？以文物论，这里出土了青铜礼器二百余件，尤其是那两只巨型方鼎，大的高达一米，它们成双成对，不言自威，有冲天霸气，不是一般贵族能用的，非王莫属！这样两只鼎，出现在约三千五百年前，别说在中国，就是放到全世界，也是罕见。这是两只见证过汤的开国典礼并且承担过“率民以事神”历史使命的鼎，或许我们能从它们身上听到早已凝固的庆典的欢呼声和“神化革命”的历史回音。这声音，从后来安阳殷墟的“后母戊”大鼎里消失了，尽管“后母戊”鼎看起来更有分量、更为辉煌，更加显示了帝国的气魄和力量，但革命精神却已荡然无存，我们从中再也听不到革命庆典的欢呼声，它早已丢失了杜岭方鼎的灵魂，因为那时一个王朝中国已经形成。

殷墟，形成了一个标准的王朝国家，那是一个与世界文明古国接轨的国家，它的出现，标志着青铜时代的世界体系的完成。这一历史进程，就如同近代以来的工业革命，当其在英国出现以后，就开足了工业革命的世界化马力，两次世界大战以后，美国接力而起，继以工业革命的全球化体系，而当下中国工业革命，又从美国那里传承全球化的工业革命的火炬，预告着工业革命的世界体系就要在中国完成。它使我们又联想起殷墟时期在中国发生的青铜时代的那一次金石革命，那也是先在西亚兴起，在中亚，从黑海到里海之间的南俄罗斯草原，经由雅利安人接力，以国家与革命的方式传递，世界三大文明古国古巴比伦、古埃及、古印度随之解体，文化中国亦随之“西化”，从玉器时代转向青铜时代。这么一转，不仅催生了王朝中国，而且使得随着青铜时代到来的世界体系最后也在中国完成。

从殷墟开始，中国历史便走上了王朝中国之路，且与文化中国互动，治乱循环，双轨同运。儒以道统与政统划分：道统出自文化中国，以孔孟之道为代表，政统出自王朝中国，以周秦之制为代表。又有“阳儒阴法”一说，以为道统反映儒家思想，而政统则基于法家思想，这也就是所谓“霸王道杂之”。还有两家——墨子与杨朱，一个主张兼爱，一个主张为我，不与王朝中国合作，孟子骂他们“无君无父”，但他们却影响了文化中国。

儒家道统只是文化中国的一条线索，还有墨子一线，以侠义精神和会党政治贯穿，成为民本与民间运动的源泉；有杨朱一线，他那“为我”一声吼，便是中国最早的“个人权利”的宣言；有庄禅一线，以回归自然的审美和思辨开拓着中国艺术的空间，这一线，从山海图到桃花源，从东篱到东坡，从山阴道上人与山川相映发到山水诗到山水画……

王朝虽然赫赫，不过历史表象，江山何其默默，实乃历史本体。表象如波易逝，一代王朝，不过命运的一出戏，帝王将相跑龙套，跑完了就要下台去，天命如此，他们不过刍狗而已。改朝换代，但江山不改，家国兴衰，还有文化主宰，文化的江山还在。

“秦时明月汉时关”，秦汉两朝已去，可关山依旧，明月依然。这关山啊，就是文化的江山！命运诗意地栖居于江山，我们知天命以诗。重读中国历史，要把历史放到江山中读，不要放在王朝里读。要用诗性的眼光读，不要用“资治”的眼光读，以诗性之眼，能读取文化的江山，用“资治”的眼光，只能围绕王朝打转，把历史读成阴谋诡计。

“春风又绿江南岸，明月何时照我还”，王安石用了诗性的眼来创作，诗中有“我”，“我”在选择，选择了“还”，他放下王朝，抱住江南——那诗性的江山。陈寅恪“以诗证史”，一部《柳如是别传》，还是在江南——那“独立之精神，自由之思想”的江南。

“臣心一片磁针石，不指南方不肯休”，那“南方”，就是文天祥魂归之、魄寓之、命托之的江南，宋朝不在了，可江南还在，他的乡愁还在。中原与江南，一个是王朝中国的地理根据，一个是文化中国的人文始基，北宋亡时，中原成为南宋的乡愁，南宋亡时，江南成为他的乡愁，那是他为之披肝沥胆、为之刻骨铭心的来自文化中国的乡愁。

我们再来看看盛唐，盛唐气象，并非那些帝王将相，而是唐诗的江山。

试问有唐一代，有多少帝王？翻一下二十五史里的《唐书》就知道了。

他们从字里行间，列队而出，向我们走来，除了李世民、武则天，我们还认识谁？还有一位李隆基。对不起，我们知道他是因为杨贵妃，一首《长恨歌》便盖过了他的本纪。他是王朝的太阳，光芒万丈，可在《长恨歌》里，美是太阳，集中在杨贵妃身上，留一点落日余晖，让他来分享。还有滕王阁的滕王，谁知道他的名字？而一篇《滕王阁序》，都知道是王勃作的，久而久之，滕王消失了，一提起滕王阁，人们就说王勃，这是为什么？放大了说，那就是滕王属于王朝中国，王勃属于文化中国，套用歌德的话来说：王朝总是灰色的，文化中国之树常青。而王勃，就是文化中国之树盛开不败的诗性的花朵。

文化的江山里，没有统治者的位置，要坐文化的江山，帝王也要写诗。

然而，诗性是天命和灵魂的吟唱，诗的灵感，并不特别钟情于帝王。

据说，乾隆皇帝爱写诗，一生写了四万多首，他一个人写的诗的数量快赶上《全唐诗》了，可有哪一首诗能流传至今？大鱼大肉的四万多首诗，还抵不过李白清清淡淡的一首。

月光下，摇篮旁，母亲在吟唱："床前明月光，疑是地上霜。举头望明月，低头思故乡。"就这样，唱了一千多年，至今还在唱，那一缕缕诗性的光芒，照亮了婴儿的脸庞，温暖了孩子们的心房，文化中国的公民们就这样成长，我们从中看到了希望。

中国是诗性的国度，唐诗的江山虽然灿烂，但再怎么辉煌，也还是不及先秦时代的诸子诗性在天。当诗性，以天命和天道的意味呈现在我们眼前，我们怎么还敢说中国不曾有过哲学的诗篇？老子的《道德经》，难道不是一首最好的形而上学之诗？还有《孙子兵法》，岂非世上最美的兵法？天地人总体战，生与死的美学，当以诗性表达。

当年，王国维作《人间词话》，以诗话体行文，却写了一篇关于唐宋词的论著，我们自问，能否也诗意地栖居于历史，去写一部诗性的文化中国的通史呢？我们这样想了，也这样做了，做的成果，就在我们的《文化的江山》里。历史的精神，追随陈寅恪，其美学形式，则取之于王国维，加上我们的思想与文字，形成本书的风格与宗旨。

历来写史，都以王朝为本位，以帝王为中心，写王朝史，表达王权主义，即以宫廷政治和帝王权谋为主线，写来写去，也都是些改朝换代和开国皇帝的故事，那根线，历史的主线，还捏在王权的手心里，被王朝史观牵引着，进入王朝中国的历史。

然而，还在 20 世纪初期时，不就有新文化运动，开始"反封建"了吗？反了近一个世纪，为什么还反不出王朝史观呢？中国的思想者们，究竟在哪里失足了呢？

如今反思，这才发现，"反封建"在反到"人民"与"革命"这两个最为神圣的观念时，就停下了，连鲁迅面对黄包车夫尚且要"榨出皮袍下面藏着的'小'来"，他对"国民性"的批判，也就停留在

“文化人民性”的重建上，未有“文化个体性”的自觉。

马克思说过，他是在批判旧世界中发现新世界。他在批判中，发现了什么呢？他发现了“人”，发现了近代意义的自由平等的“社会性的人”，他的“剩余价值论”，就是强调社会人的价值，不光是社会人的经济学价值，更是社会人的政治哲学价值。

反封建，还要反王权；要对封建主义做社会形态的批判，以确立人的社会性；还要对王权主义做文化性质的批判，以确立人的文化个体性。这是基于人性三段论。

我们认为，人性的发展，经历了三个阶段：第一阶段是人对于自然的自觉，而有类意识，我们称之为“人类性”阶段；第二阶段是人对于他人的自觉，而有群意识，我们称之为“社会性”阶段；第三阶段是人对于自我的自觉，而有自我意识，我们称之为“个体性”阶段。个体性之道德一维，我们称之为“个体人格”；个体性之政治一维，我们称之为“个人权利”；对于“个体性”的文化认同，亦即文化一维，我们称之为“文化个体性”。

从“文化个体性”出发，我们走向文化中国，重读中国历史，就是以自我意识对历史做选择。历史上有两个中国，王朝中国和文化中国，我们选择了文化中国。

文化中国，不一定非要呈现某种既定的国家形态，在与王朝中国互动中，它以文化的江山表现出来，即便在当下民族国家的世界之林里，它依然漂洋过海，以全球化的天下观的方式存在，就像《山海经》世界那样。文化的江山，开启了“海外经”时代。

第1章

文明全新世与《山海经》世界

01

梦想的光源

—— 来自仰韶文化的彩陶之光

有一个仰韶文化半坡类型的彩陶盆，人面和鱼优美地合在一起。

人面在做梦，鱼游入人梦里。那近似几何图形般的平面构图，仅以圆和三角形，还有一些直线，就向我们展示了一副仰韶文化里才有的西安半坡人做梦的表情，令我们产生《一千零一夜》式的联想：从前有个王子，长得很英俊，却喜欢幻想，人们称他为“梦想家”……可彩陶盆里的这位“梦想家”，他是一位王子吗？他似乎面朝大海。

这件陶器，名为“盆”，实为一瓮棺的棺盖。瓮棺内，有一儿童，或为王子。也许，半坡人尚未有我们今天的生死分别心，他们将死者葬于瓮棺内，以盆为盖，埋入土中。

死者入瓮，做梦，陶盆里那人面鱼，展示了幸福的半坡人如何做梦。

盆内壁，以黑彩绘出两个对称的人面来，人面，是圆圆的。头顶上，三角形发髻高耸，如船上的帆。额之彩，漆黑如夜，右为半弧，留一弯白，如新月当空。眼细而平，鼻挺且直，两耳旁，有两条小鱼游来，仿佛在说：我带着梦想，来奔赴你的召唤了。嘴边，分置两鱼，似与王子密语：在那儿，幸运，你所梦想的幸运，将会开出美丽的花朵。两个人面之间，还有两条鱼相对而游，鱼身挂满了斜方格鱼鳞，鱼头呈三角形，而鱼眼则是圆的。

弗洛伊德在《梦的解析》里说，现代人的梦也许就是这样：我望见孩子尸体躺卧的房间发出一些光芒，也许是一支蜡烛掉在了孩子的身上，也许是蜡烛烧着了我的孩子。看来现代人对梦想缺少自信，如此忐忑，是因为他们过分看重尸体，把梦想放在尸体上，而非对灵魂抱有希望。所以，那梦想，就像在蜡烛上跳动的火苗，一边跳动，一边发出微弱的光，来将孩儿那昏暗的尸体照亮，可又怕那不确定的火苗，一不小心，就跌落在他们孩子的尸体上。

照亮梦想，要有光。不光现代人这样看，仰韶文化中主持葬礼的那些半坡人，也是这样想的，但他们却用了不同的眼光，对于光明，各有其不同的看法。用现代人的眼光来看，人在瓮中，可谓漆黑一团，现代人所谓的“光明”，必要以外在的光源，来照亮自己早已睁开的双眼。而史前人，或称原始人，则自有灵感，自有其照亮万物的内在性的光源，那是灵魂放出的梦想的光，而彩陶，便是那梦想的闪烁之光，将泥土的文明样式照亮。

瓮棺，用彩陶制成，那彩陶本身就含有光。那光，不是肉眼可见的、普通的光，不是来自天空普照四方的光。不是那种光学意义上的物质之光，也不是由此而引申出来的神学意义上的信仰之光，而是另外一种光，是仰韶文化半坡类型的以土为体、以水火为用的万物一体和万物有灵的光。就陶的物理属性而言，它包含了火的泥土，是人的梦想通过火光显灵于泥土，是人以冶炼的方式而非以加工的方式第一次尝试成为造物主。

石器时代，不管是旧石器，还是新石器，都是人对自然物的石头进行外部加工，差异在于加工的程度，是打制，还是磨制。打制要粗糙一些，而磨制显然更为精致，但从一个大的体系上来看，都属于对自然界的既定之物的外部加工，而陶器，则是人类对自然物的泥土，用水和火两种元素，主要是火，从内部进行改造，把土改造为陶，完全属于人造。试想那时的制陶者，真是用火如神，不光用火照明，还懂得用火改变物质的属性。

于是，陶器时代来临，制陶者就是造物者。可造物，首先要有一座窑，形如苍穹，造物者能像神一样自由用火、自如控温的窑，有如神主宰苍穹一般，他主宰着自己的窑。女娲补天是一篇开窑的神话。据说，天神打架，打得地陷天塌，人类遭殃了，人类始祖女娲跑来拯救，她做了一件事情，那就是炼石补天。炼石就得开窑，她用窑火炼出五色石，那应该就是一块块彩陶砖，天空跟她的窑一样，也是用石头砌的，窑破了，用石头补，天破了，当然也可以用石头补，这大概就是神话思维里经常使用的类比原理吧。

女娲在中国神话里做到的，夏娃在西方做不到，因为西方文明从来就没有赋予夏娃造物与拯救的身份，而女娲则是中国陶器时代的女神，尤其是彩陶时代的女神。

除了补天，女娲还有一件更为重要的事情值得一提，那就是造人。据说是“抟土造人”，我们知道，但凡以泥土造物，皆为陶器，均以窑成，故女娲造人，亦以制陶为原型，先要在窑火中炼成陶人，再向陶人吹入生命的气息，使得陶人成为人。

人类陶器时代，始于约一万年前。中国的陶器起源，在江西万年仙人洞遗址，这里出土了一只约一万年前的陶罐，这是迄今为止所发现的世界上最早的陶器。而西方陶器时代，则定位于西亚两河流域，发掘的最早陶器距今约八千年，也就是说，当仙人洞人用陶罐煮肉吃的时候，西亚两河流域陶器文明的这把火尚未点燃，而中国陶器文化，已从仙人洞文化那只陶罐，进到了仰韶文化的人面鱼纹盆，再进入《山海经》女神的抟土造人和炼石补天，耸立于神话之巅。

以此为背景，来看那半坡彩陶瓮棺，这时，我们就会发现，那瓮棺遍体皆为光源，何曾有丝毫的黑暗？宛如梦中的灵魂之眼，汲取天堂的光源，梦想因之呈现。

这光，居幽冥之中，在梦想之上，不似油浮于水、天覆于地，从外面来覆盖，来照亮，而是人自身的内在性生长所发出的光芒。它源于自我，不必向太阳借光，它用自我的光将自身照亮，使万物之灵从工具化的人向着个体灵魂开始了精神性的成长。

从梦想到思想，从灵性到理性，从原始神话艺术到轴心期的古典哲学，人类在经历工具化成长的同时，也开启了精神性成长的历程。工具化的帝国兴衰未已，人类精神性的成长突破帝国的屏蔽发出理性的光芒。这光，源于自我，又在我之上，它创造了我，但归根结底，我是自我的创作，个体灵魂终于成熟了！灵魂不死，它不但要超越肉身，外化出一条通往神的永恒存在之路，还要让个体灵魂获得一种世俗性的社会化的存在形式。

从万物之灵到个体灵魂，这条路很长，人类行走了上万年。从全新世开始，从仙人洞人走到仰韶人，直到现在，其间，最美妙的是，大暖期出现了！其中最温暖的时期，出现在约八千年至四千五百年前，在中国大约持续了三千五百年。假如人类文明真的有过一个黄金时代，那一定就是这个时代。那时，人与人之间，没有等级和阶级的分别，没有家族、民族和国家的分野，自由、平等、博爱，这有史以来一切乌托邦和理想国的愿景，就在那时出现了真正的源头，唯有在那个时候，这些人类的理想，才被人自然而然地享有。

那时的天空何等慷慨，尽情地挥洒阳光雨露，使万物茁壮成长；那时的大地何等富饶，人行于天下，各取所需，应有尽有。我们现在所处的地球，有一条巨大的沙漠带，从东北往西南倾斜，顺着中国北部大漠，经由西部塔克拉玛干沙漠，穿越阿拉伯沙漠群，而与撒哈拉大沙漠相连。然而，这一横亘亚、非二洲的沙漠带，极度干旱的内陆瀚海，那时可是绿色的。从撒哈拉到中国西域，是一条贯穿了大半个地球表面的几乎无限伸展着的绿洲，从热带到寒带，温暖加速了文明的动脉。那时的东西方就在这条绿洲带上来往，开辟出一条物质文明的道路——彩陶之路，随之而来的精神文明的样式——神话开始萌芽。在神话中，人类所有文明都起源于天上，我们头顶上的天空，就在那时被刚觉醒的个体灵魂的光芒照亮。

鹳鱼石斧图彩绘陶缸，河南临汝出土，仰韶文化，中国国家博物馆藏

仰韶文化是黄河中上游新石器时代的文化遗存，以渭水、汾河、洛河流域为中心，北至长城沿线及河套地区，南达鄂西北，东到豫东一带，西与甘、青接壤，1921 年由瑞典考古学家安特生在河南三门峡渑池县仰韶村发现。遗址向北有座韶山，据说，仰韶村即取仰望韶山之意，依考古学的惯例，便将此文化称为仰韶文化。据碳-14 测定，其年代距今约七千年至五千年，历时约两千年，发现遗址五千多处，发掘二百多处，因地域和时代不同而形成的同质文化差异，绚烂多姿，构成史前彩陶风景线。

人面鱼纹彩陶盆，陕西西安半坡遗址出土，仰韶文化，中国国家博物馆藏

距今约六千年，浐河流经西安，两岸水草丛生，河床游鱼成群，周边山林广丰，植被茂密，丘陵半坡处多食草动物，斑鹿、竹鼠、獐貉等，或奔跑，或觅食。栖居于半坡上的半坡人用石斧砍树，在挖好的半穴上架起或方或圆的房子，然后采集种地，捕鱼狩猎，烧制绘有美丽图案的彩陶，戴着贝壳项链，吹着单孔陶埙。这样的日子，日复一日，一过就是两千年。1953 年它被发掘出来，考古学家名之曰“半坡遗址”，属于中国文明源头之一的中原文化区块，是陕西关中地区典型的仰韶文化遗址，年代约在公元前 4800 年至前 4300 年，其 250 座墓葬中，儿童瓮棺葬有 73 座，瓮棺盖多半是陶盆或钵。彩陶已成为主要的生活用具，制作工艺精致，分炊煮器、水器、储藏器等。捕鱼，大概是半坡人的最爱，他们在陶器上描绘了大量的鱼纹，包括这件盖在瓮棺上的人面鱼纹彩陶盆。

人面鱼纹尖底器，陕西西安临潼区姜寨遗址出土，
仰韶文化，陕西西安半坡博物馆藏

半坡人可能也有纹面的习俗，他们在脸上描绘鱼纹饰，额角上全染或部分染黑，鬓角或嘴角两侧合置两条相向的鱼，头顶上似为锥形发髻，再佩戴上鱼鳍做的装饰，这便是半坡类型彩陶上的人面鱼纹。对此形象，虽有多种解释，但有一点是一致的，就是半坡人适值全新世大暖期，江河湖泊密集，鱼是他们主要的食物来源。遗址出土几百件骨制鱼叉、钓鱼钩及渔网上的石坠等，也表明捕鱼是他们的主要生产活动。尤其是对嘴部的描绘，似乎在暗示有鱼吃的快乐。也有人认为，鱼纹是图腾纹样，其实也不矛盾。总之人鱼相寓，表明半坡人对鱼有种图腾般的亲近。无独有偶，从陕西周原走出来的周人，就有始祖与鱼互为托身的神话传说，《淮南子·墬形训》记载："后稷垄在建木西，其人死复苏，其半鱼，在其间。"是说后稷死后身体化作鱼，变成了人头鱼身的神。

02

灵的根据地

—— 来自红山文化的石灵之光

从燕山南北，长城内外，到渤海湾一带，那是红山文化板块。

说得具体点，就是地处东北辽河与内蒙古老哈河之间的两河流域。

这片流域，还在约六千年前，就哺育了中国最早的玉文化，有了玉文化，我们就到了国家起源的入口处，果然那里出现了国家。在辽西，大凌河源头——“凌源”，燕山支脉努鲁儿虎山南麓，考古人有了新发现。发现的遗址在山梁上，而命名则用了从山下流过的那一条牤牛河（大凌河支流）的名字，故称那山梁为“牛河梁”，称那遗址为“牛河梁遗址”。遗址还算完整，由女神庙、祭坛和积石冢组成，有人认为，这样的一个格局，已有了古国端倪，因其布局与北京故宫、天坛、十三陵等相似，故可作为关于“国家起源”的一个原型。

打开牛河梁上第二地点一号冢第 21 号墓，我们看到了这样一位墓主，他从头到脚，还有腹部，都摆放了玉，看那架势，很有那么点“一贯三为王”的意思。

墓中未朽的，有累累白骨，还有玉。玉不朽，而白骨则难保不朽。呈现于我们眼前的，是白玉护着白骨，而白骨的骨髓，似乎已渗入玉中，那千年白骨，骨形虽在，骨质已空，骨髓如冰川消融，融入玉中。若人真有灵，那灵一定是在血液里和骨髓里。灵魂之于活人，要在血液里流动，可人死血枯，故灵魂之于死者，便退居于骨髓里。然而，骨髓也会流失，任其流失，以致灵魂失据，故以玉纳之，纳髓入玉，灵魂即以玉为载体，而得其不朽。所以，我们说，玉是灵魂最后的据点，也能以人的血性与骨气的美而呈现。

考古学，不要过于看重遗址遗物的“物”的一面，我们不妨问一问，人死为何要葬？人之初对于死亡的那一番安排，表达了一种超越的心情，并非出于动物本能，而是出于人之所以为人的本性——万物之灵。在柏拉图的对话录《斐多》中，他告诉我们，灵魂绝对优于身体，赋予我们存在的是灵魂而不是其他什么东西。人死后，尸体只是一个鬼，而真人的不死的成分叫作“灵魂”，会去另一个世界，向诸神报到。所以，我们别浪费气力把将要被埋入坟墓的那具尸体当作与我们有许多联系的那个人，别想象自己正在埋葬的人就是曾与之朝夕相处的亲人，被埋葬的其实并非真人，真人仍在继续他的命运。请看这位积石冢里的牛河梁人，他显然还不懂柏拉图说的“理念”是什么，可他已经知道灵是怎么回事，他还没有觉醒到要灵魂跟着理念走，但他已经为灵找到了物的载体——玉。

有了绝对理念做前提，还有灵魂不死，这已是理性时代的思维了。可那个牛河梁人的心情，还跳动着玉器新时代到来的玉为石灵，仿佛还在有灵的世界里沉吟：

我掷出命运之石，向远方那一棵树，
随一声叹息，我命已入黄土……
若干年后，人们想起我，
有人来树碑，有人来掘墓，
还有人用锤子敲我头颅，
而美其名曰——考古。

人之初，人所能掌握的物质，很有限，石头是最早也是最重要的一种。

那时，人的精力和精神，都集中在石头上，未有其他事物来分力分神，所以，那石头，今天看来，还生气勃勃，充满了精神，尤其人之初的精神，纯而又纯。人之异于禽兽者，就那么一点精神。精神，如同人直立行走，既有植物性的直立，根底于地，向天空生长，同时，又有动物性的行走，以能动性和主体性，纵横大地，为万物之灵。

神话世界是灵的世界，灵之于人，可以为神，为英雄；灵之在物，可以为仁兽，为嘉木；灵之在石，可以为金银，为美玉。与灵相对的为非灵，非灵所在，为怪力乱神，率兽以食人。《山海经》里，灵与非灵斗争，通过斗争，“帝”以万物尺度诞生。

人类灵性的花朵，先在石头上盛开，从石头蔓延至万物，而使万物有灵。

以为万物有灵，意味着人的灵性觉醒，列维－布留尔在《原始思维》里指出，万物有灵论观念，并非人的灵魂观念的派生，而是与人的灵魂观念同时形成的。两种观念不同，不同在于，万物有灵是关于自然的，而灵魂观念是关于人自身的。共同的是，它们都发自那一双觉醒了的灵眼。用灵眼看自然，自然是万物有灵的；用灵眼来看自身，人自有灵魂。

“原始”是什么，是蒙昧吗？启蒙主义者历来这么认为。而我们不这么看，在我们看来，所谓“原始”，首先跟本原有关，其次跟原创有关，而原始人，就是直立本原，创造世界的人。万物之中，何为本原？动物存活时间最多不过百年，植物多则千年，而矿物的生成呢，要以亿计年。人类将矿物打磨成石头，握在手里，一下就握住了永恒——那宇宙的根，从星空陨落，从大地隆起，经由数以亿年计的时光孕育的山体岩石，终于被人类打造成了赋灵的石器。

自从拿起石头，人类就站立起来，在苍茫大地上开始自由行走，追逐猎物，从日出到日落，从天亮到天黑，追随日月星辰，跟那天命走。人类抛出石头，那一条美丽的抛物线，便带着天命出击了。石头击倒猎物，岂非有灵？石头飞来，连虎豹也要逃走。

而玉，则是石头中的石头，剖开一块巨石，只有那么一丁点属于玉，它是那么晶莹，那么透亮，那么温润，那么贴近人的生命的气息，那不是石灵是什么？《说文解字》云：玉，石之美者。灵之为灵，原来就在于那个美呀！正是人生而具有的审美本能及其审美活动，在中国本土，也只有在中国本土，才以玉为标志，造就了一代又一代全新世的新人。

那位牛河梁人，就是全新世新人的一个红山文化的样本，他的灵，还不能像星辰那样独立而又放出普世的光，可它却能够像光线那样，活泼地从一物进入另一物，所以，还要通过遍体覆盖的玉器来开显，开启出一个万物一体相互转化的有灵空间。

柏拉图所说的安葬，还只是安顿身体，而非安顿灵魂，所以，他主张要有节制。尽管如此，他对于安葬依然重视，谈到如何安葬死者以及荣耀死者所必须举行的仪式，他告诫我们，要敬畏地下世界的神灵和生活在我们这个世界上的神灵，要向坐在位于大地中央的那块脐石上的祖先的神祇请教。如果他懂得中国的玉文化，会不会将那块“脐石”同礼玉文明相连呢？如果放在中国，就会直截了当地说“脐石”就是玉根，是一切玉石的来源。

而躺在红山文化遗址里的那位牛河梁人，他的安葬，就不光要安顿身体，还要安顿灵，过了六千多年，肉体已经化了，化入土中，化为玉色，但躯架仍在，瞧他那一副骨架子，多么舒展，可以想见，他生前该是如何的矫健。这是一个从身体到灵魂都已安顿好了的人，也许，他像木乃伊那样曾经被包裹，可经过了时间的洗礼，就留下那几根白骨。

我们再来看凌家滩遗址，在此，我们见到了更为丰富的玉，可人呢？不见了！我们未能见到有如牛河梁人那样的一副骨架子。或曰，亡人就在玉下面，完全被玉覆盖了。如此说法，让我们想起了汉代有着特权身份的亡人——那些王侯，尸体上穿着金缕玉衣。

俄国人别尔嘉耶夫在《人的奴役与自由》中，向我们述说死亡：一切自然的事物都会死去，但个体人格不朽。然而，墓中的凌家滩人，我们只见其玉，而不见其人，故难免有此一问：体格不在，人格何存？倒是那位牛河梁人，体格与人格俱存。我们虽然不好说哪一种文化对死的安排更为合理，但红山文化，毕竟给我们留下了那样一具谈不上美轮美奂却因其能显现个体而莫能与之争的素朴之美的身躯，而凌家滩玉文化，则因其拥有更多的玉以及更加重视人死后的灵的追求，反而没给我们留下一个完整的人体之美的身躯。

死人，是不是也有一个个体人格的问题？别尔嘉耶夫认为，死对于个体人格来说，永远是一个悲剧。如此断言，是否也适宜于中国玉文化中的红山人和良渚人呢？

如果允许我们把史前文化的灵兑换成现代性的个体人格，当然可以这么说。或曰，唯一的不朽，荣归个体人格，因为个体人格为着永恒而创造。就这样，将个体人格与永恒挂钩，那个体人格不是灵还是什么？如果我们还用灵与肉的话语形式，那么，我们可以这样说，个体会死，而个体人格不死，死对于个体人格来说，是命运中最大的悖论。

死亡临头，人面对着最大的畏。因此，人不仅要战胜对死的恐惧，还要战胜死本身，才能实现个体人格。克服对死的恐惧，是精神的个体人格战胜生物学意义的个体人。但这并不意味着不朽的精神源头可以同人的死亡源头分离，而是意味着整体人的转换。

个体人终究会死去，而个体人格则将不朽。战胜死亡，不可能靠进化，也不可能是必然性带来的，战胜死亡是一种创造，是在自然尽头人的灵感爆发的灵魂的创造。看看红山文化中的那位牛河梁人吧，死去已六千多年，他还那么安详地躺在那里，白骨与玉交辉，他似乎已预见了考古学来临，才为我们的发现和审美做好了准备。不过，那位牛河梁人生活的世界，并非与宗教信仰有关的灵魂的世界，而是万物一体且人为万物之灵的世界。

玉箍，长约 18.6 厘米，牛河梁遗址第二地点一号冢第 4 号墓出土

红山文化遗址位于辽宁凌源、建平两县交接处的牛河梁山，距今五六千年，目前已发掘三十多处遗址点。女神庙祭坛和玉器给予这一文化以鲜明的石灵气质，墓葬中有多种名目的玉器，玉器摆放有明显的秩序，为典型的以玉为祭、唯玉为葬的玉文化。墓内没有发现陶器或石器，陶器基本摆放在石冢上方，多为红色筒形陶器。玉、女神、祭坛、庙宇及积石冢，形成了一个石灵文化的人类早期的精神结构，见证了红山玉文化是一处以玉为灵媒的摇篮地。

牛河梁第十六地点第 4 号墓石棺，墓主头枕玉凤

玉凤鸟，长约 19.5 厘米，牛河梁第十六地点第 4 号墓出土

牛河梁遗址第二地点一号冢第 21 号墓和第 4 号墓中，墓主头枕一端斜敞口玉箍，据说是灵魂的出口，人死后灵魂从中飞走。第十六地点第 4 号墓的墓主头枕一只玉凤鸟，令人产生同样的联想，比如凤鸟可搭载人的灵魂飞天。

牛河梁遗址第二地点一号冢第 4 号墓（细部），墓主头枕玉箍

牛河梁遗址第二地点二号冢中心大墓第 1 号积石冢

03

走向全新人

—— 文明视野下的全新世

人类有没有走出冰期？这恐怕是个永恒的问题。

所谓“全新世”，究竟是宇宙新时代，还是冰期中的间冰期？

人类自身很难回答这样的问题。因为在数以百万年计的冰期里，每隔几万年就会出现一个间冰期，也许我们就处在一个间冰期里。可即便在宇宙尺度里人类文明仅如昙花一现、浪花一闪，但人类灵魂一旦醒来，便要有一个自己的时代——全新世。

我们假设全新世的到来，并非天地之间气候已完全转暖。虽然地质学提供了足够的冰芯、孢粉之类的证据，但我们还是要问，如果真的开始了大暖期，何以人类文明还要反复经受寒流的考验？这样一问，我们就会想到所谓“全新世”很可能并非一个自然周期的翻转，而是指人类文明的新纪元。对人而言，哪怕我们依然处于冰期，只要有个时期为人类文明奠基，那就是全新世，与其说全新世是地质概念，毋宁说它是一个文明的概念。

我们认为，文明概念的“全新世”，就出现在约八千年至四千五百年前那个地球上最温暖的时期。人类文明有了那三千五百年暖期打底子，终于站稳了脚跟，并向全球发展，人类真正具备了作为万物尺度的架势。其中，最为显著的标志就是那经由梦想而生就的艺术形式，它呈现了人类心灵的底蕴。若谓人类生产方式或为人之动物本能的扩展，则人的艺术活动或已脱离动物本能，而为人的自我的外延，并获得一个美的文明的样式。

艺术由梦想催生，我们看那只人面鱼纹盆，盆中半坡人那副做梦的表情，就可明了何为艺术的源泉。艺术之于人类，重要性显而易见，可人类日用而不觉。人类艺术活动的过程，是一个创作的过程，人类之于石器，只是顺应着石头的自然属性来加工，无论旧石器还是新石器，就其本性而言，依然是石头自然属性的延伸，而非人的创作。但人类之于陶器则截然不同。陶器，并非自然界本来就有，它是人类无中生有创造出来的器物。

制陶，是用火的艺术。人类先是向自然取火，继而以人工取火，终于开窑了。从自然取火到人工取火，还是自然属性的进展，自然状态的外延，犹如蜘蛛之于织布，蜂巢之于建筑。然而，正如马克思在《资本论》中所言，唯有人能在想象中完成它们，而蛛与蜂，只能在本能活动中实现。人之异于蛛、蜂者，在于实用功能服从审美需求，行动追随想象，先在想象中形成，再将想象付诸实施。这样的活动方式是艺术，而其本质则为创造。

创造超越进化，进化是在自然的空间里进行的，而创造则在想象的空间里展开，想象，并非来自进化、创造，也不是自然的成果。如果人类命中注定要从自然里面异化出来，那他就必须把自然当作自己的对立面来把握，就必然要从自然的产物变成自然的改变者和创造者，从自然安排好的食物链和循环圈里解脱出来，从而具有对自然做选择的自由。

自然之于万物，存亡一次给定，唯独于人，活法由人定。人定，非由自然，当以自身，从自身发现自我，以自我突破进化。自我，是灵魂的人格化形式，是与自然形态和社会身份相应的个体人格存在。如果说人的社会身份还是人的自然形态的外化和延伸，还属于进化，那么个体则属于创造，是人对自身的创造，创造自我，突破进化序列，从作为万物尺度的万物之灵向自我意识的灵魂飞跃。如果说神话还是对人作为万物之灵的艺术想象，那么史诗则开始了对人类命运的诗性吟唱，开启了人类自我意识的叙事空间，而哲学则将自我意识转化为宇宙意识，并在逻各斯的理性进程中穿越自然达到形而上学进而化为灵魂。

灵魂趋于神，非神话中之众神，亦非万物有灵的泛神，而是经由自我意识觉醒而使灵魂开显而与个体人格相应的创造者——一神。无论众神和泛神，都是文明发蒙时期人类集体无意识的产物；唯独一神，是人类从自身创造自我时的自我意识的结晶，是开显出文明样式的个体人格的终极成因。当自我意识向宇宙意识、个体人格向宇宙本体进展时，一神出现了！当然，这一进程花了好几千年，用历史学的尺度来衡量，几千年很长，可用人类学的视野来看，几千年的时光，在几百万年的长河里，不过是几个小小的波浪。可全新世就是不一样，大暖期那几千年，从量变到质变，从自然进化转向文明进程，在文明发展中，人类开始了新的历史性成长。可以说，这一时期的积累，为此后人类文明的进展做了充分准备。

经过窑火陶冶的人——我们因其处于全新世而称之为“全新人”，他们不光在大暖期用炉火和泥土创造了不朽的彩陶艺术，还为小冰期再度到来做好了准备。那窑火，不就像赫拉克利特所说的，是在一定分寸上燃烧和熄灭的逻各斯吗？不就是生成万物、主宰世界的宇宙之灵吗？它或许就跟普罗米修斯有关。有关普罗米修斯的神话传说，也许就来自全新世那一把火，还有中国女娲炼石补天的传说，也出自那造物的火。只有刚从冰期走来的人，才真正懂得那把创世的火，正是有了造物的窑火，文明的全新世才真的来临了——神话里的火，悲剧里的火，还有哲学里的火，说到底，都出自那生生不熄的全新世的窑火。

就在那条从撒哈拉经由美索不达米亚通往中国两河流域的绿洲之路上，缤纷的彩陶，就像一条纽带牵动着东西方。“炉火照天地，红星乱紫烟”的情景，不光出现在唐代李白流浪的中国江南，更出现在《山海经》时代里的昆仑山。创世者女娲，就在昆仑山上开窑、炼石、修补苍天，以至于清人曹雪芹，都说女娲补天以后，尚余一石，误入红尘，自西往东，被人带到江南一隅——良渚文化分布的太湖流域。或曰，当女娲在昆仑山炼石时，良渚人则在太湖边攻玉。一篇《石头记》，似乎透露出全新世初期文化传播的一点脉息。

有了"全新"的窑火，人类以之御寒，而不至于被周期性的寒流灭绝。须知人类最后一次出非洲，人数有限，在数以万年计的时间里，已有许多人种灭绝，灭绝的原因当然不止一种，但寒流恐怕是最主要的原因。寒流破坏万物生长，导致食物短缺，迫使人类不但相争，而且相食。据说，在北京猿人和尼安德特人的后脑勺上，就留下了敲骨吸髓的洞口——人吃人的标记。也许人吃人是人类灭绝的直接原因，但根本还在于寒流。好在大暖期终于来临，幸存的人类，不管是出于什么原因，是天道循环，还是上帝对人类的选择，或出于人自身对自我的创造，总之，人类变成了"全新人"，不光造物，而且造神。

人有王不算什么，猴有猴王，狮有狮王，连蚂蚁都有自己的王。人类有王，那还是动物性的进展，尚处于自然法则的链条中，还在自然进化的序列里。可人有神，则是人自身的创造，是从人的自我里开显出来的一个新世界，是人在终极追求里走向未来通往最高存在的自我印证——我就是神！所有这些文明的要素，几乎都在全新世萌芽，结集为神话，流传为传说，还在更早的彩陶上表现为绘画，还有一些画在《山海经》里流传了下来。

肿骨鹿角、下颌骨烧骨化石，北京周口店第一地点出土，旧石器时代早期，人类用火的见证之一

全新世，人类走进大暖期。温暖，不仅指自然气候大暖期的到来，更重要的是，“文明”产生了取暖方式，一个用火制陶的“陶冶”时代来临了。人在对自然的否定中，成了万物之灵，如普罗米修斯盗取天火的神话传说，留下了人类对“火”的文明记忆。普罗米修斯出自古希腊神话，他为人类盗取天火，触怒了宙斯，为了保全人类，他甘愿受罚，成为人类文明的第一个神圣的祭品。古希腊哲学家赫拉克利特著有《自然论》，他用哲学为人类文明点燃了一把“永恒的活火”。

关于火，70 多万年以前的直立人已经会使用火，火可以熟食、取暖、照明，为人类身体和大脑发育带来飞跃。北京房山周口店遗址出土了 40 多具个体直立人化石，由上到下有 4 个灰烬层，可达 6 米，灰烬成堆分布，其中含有烧过的朴树籽和大量动物烧骨。据推测，火源主要来自雷电及其他自然火，然后采取保留火种的方式。

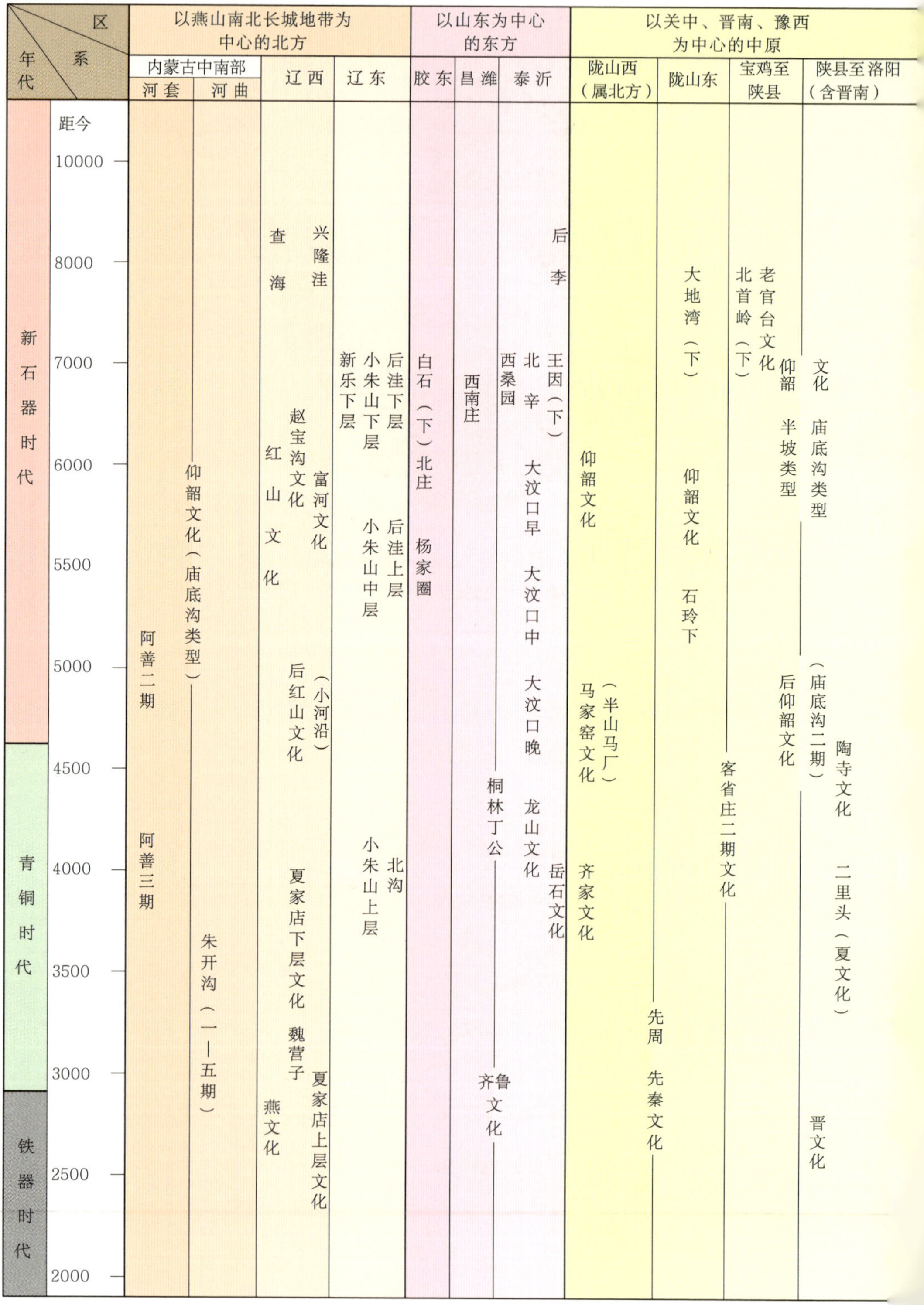

中国考古学文化区系年表，引自苏秉琦《中国文明起源新探》

	洛阳至郑州	以环太湖为中心的东南沿海 苏鲁豫皖交界	宁镇	苏北	杭嘉湖	宁绍	浙西南	以环洞庭湖与四川盆地为中心的西南部 江汉平原	四川盆地	以鄱阳湖—珠江三角洲为中轴的南方 江西	广东
商文化	南庄头 磁山 裴李岗 大河村（下） 王湾一期 王湾二期 王湾三期（龙山文化）	青莲岗 尉迟寺 二里头文化	北阴阳营（下） 薛家岗 北阴阳营（上）	后良渚文化 （马桥）	马家浜文化 崧泽文化 良渚文化 吴越文化	河姆渡文化（下层）		石皂（下） 彭头山 红花套 关庙山 青龙泉（下） 下王岗 屈家岭文化 青龙泉（上） 石家河文化 盘龙城 楚文化	城背溪 大溪文化 三星堆（底层） 三星堆一期 三星堆二期 三星堆窖藏 十二桥 巴蜀文化	仙人洞（下） 仙人洞（上） 筑卫城（下） 山背（下） 筑卫城（中） 吴城 磨盘墩大王岭	西樵山 玲珑岩 前石峡 石峡文化（下文化层墓） 石峡中层 石峡上层

由于地域差异，石器时代的每一处遗址所呈现的初民的生活状态是不一样的，但作为精神原始形态的灵，则在各个遗址中都有所表现。因此，将石器时代称为“石灵时代”似乎更为确切。约一万年至五千年前，新石器时代遗址遍布中国各大区域，不断更新的考古发掘正在逐渐修正人们看待中国文明形成的视角。研究者不再持单一的中原文明正统论或中原文明主流论等“中原文化中心论”，开始关注更多的文化遗址显现的不同特征，它们之间的内在关系，它们彼此是否有过联系和交往，它们各自的气质对于形成中国文化板块的作用等。考古学家苏秉琦将新石器时代文化遗址划分为六大区块，作为形成中国文明的共同源头。著名考古学家张光直亦觉察到了这一点，他在 2002 年出版的《古代中国考古学》一书中，就将新石器时代分为两章——第三章《中国北方地区新石器时代文化的发展》和第四章《中国南方地区新石器时代文化的发展》，将长江流域新石器时代与北方地区平等研究，并且在第五章《中国文明相互作用的范围与基础》里进一步探讨两个文明板块之间的关系。这些文明“区块”有一个共同特征——皆因玉器成为人“灵”的根据地。

史前考古的六大区系，是苏秉琦先生的恢宏视角，这一视角为中国文明起源之研究提供了一个清晰的路径。这六大区系指的是：位居北方燕辽重镇的红山文化，以关中（陕西）、晋南、豫西为中心的中原区系，以山东为中心的大汶口文化，以洞庭湖与四川盆地为中心的大溪—屈家岭—石家河文化，以环太湖江浙地区为中心的崧泽—良渚文化，以鄱阳湖、珠江三角洲一线为中轴的南方文化，它们共同构成了中国文明的渊薮。考古学家苏秉琦的六大区系说，可与张光直先生所分考古板块互证，而近年考古发掘中丰富的成果，也都可以补正他们的视野和立论。

陶器碎片，湖南道县玉蟾岩遗址出土（修复效果）

陶罐，江西万年仙人洞与吊桶环遗址出土（修复效果）

中国境内的新石器时代，始于约一万年前的江西万年县仙人洞与吊桶环遗址，以及湖南道县玉蟾岩遗址，皆属于传统考古学意义上的新石器时代。就石器而言，上述两处遗址出土的石器与旧石器时代似乎差异不大，但都出土了陶片。使用水、火、土等自然物“造物”，这种“人造”性，是新、旧石器时代的本质区别。

玉玦，兴隆洼遗址出土，红山文化

玉斧，兴隆洼遗址出土，红山文化

属于红山文化板块的兴隆洼遗址，据碳-14测定并校正，距今八千多年，是目前中国境内所见最早的玉器文化遗址，随后波及比邻的红山文化遗址，再南下。而从距今约七千五百年至六千九百年的河南新郑裴李岗文化遗址来看，出现了陶器和精致的石器，如石磨盘和石磨棒，还没有玉器出现。距裴李岗遗址南边不远的河南舞阳贾湖新石器遗址，与裴李岗属同一个文化类型，距今约九千年至七千八百年，出土了同样的石磨盘和石磨棒。同样属于裴李岗文化类型的河北磁山文化遗址，也有同样的石磨盘和石磨棒出土。由裴李岗文化遗址向北，至河北南部的武安，考古学家发现了一座一万多年前的磁山文化遗址，是一个食品加工点，有石磨盘、石棒，被称为“裴李岗—磁山文化遗址”。上述裴李岗文化类型中，唯有贾湖文化遗址出土了骨笛与稻谷粒——与河姆渡文化虽隔千里，却早了千年——但没有出现为精神而生产的玉，只有为生存而生产的石，因此，最早的“石灵根据地”，应该在红山文化板块的兴隆洼遗址。

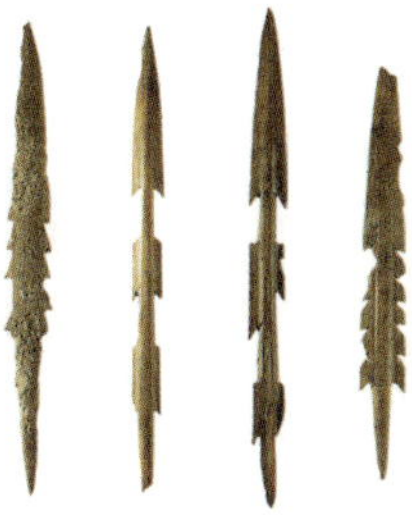

有翼骨鱼镖，河南舞阳贾湖遗址出土，裴李岗文化

炭化稻谷标本，河南舞阳贾湖遗址出土，裴李岗文化

七孔鹤骨骨笛，河南舞阳贾湖遗址出土，裴李岗文化

骨三叉形器，河南舞阳贾湖遗址出土，裴李岗文化

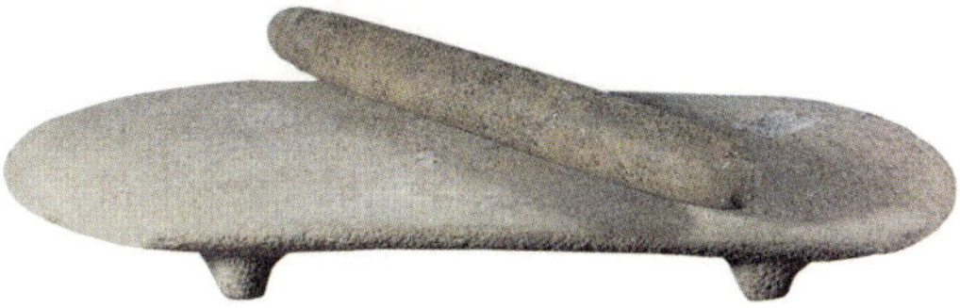

石磨盘、石磨棒，河南新郑裴李岗遗址出土，新石器时代

04

创造性进化

——《山海经》是全新世的文明曙光

《山海经》是一部什么书？我们说它是一部“文化中国图志”。

它是比古希腊神话还要古老的传说，古希腊神话神人同体同形，已远离了万物有灵，因而有可能是理性时代的人性论在神话里的投影，而《山海经》则不然。

它是从石灵时代进入礼玉时代形成的世界，这世界，有金有玉，遍布山川，有二百多处，从南到北，从东到西，从山到海，从海外到大荒，都有金、玉记载。

《山海经》向我们展示的万物有灵的世界相当完整，我们甚至可以说它是一部集中反映了那一时期天、地、人全貌的百科全书；是一部以灵眼看世界，以志怪方式综述了世界形态和万物样式的极广博的地理风物志；是一种以神话传说表达人的自由意志走向权力意志，自由人转化为奴隶和暴君的如孔子所谓以“怪力乱神”为主调的精神现象学。

同时，它还记录了人类在文明进程中从自然状态走向社会形态、从族群状态走向国家形态，以至于从古国走向方国、从方国走向帝国萌芽的国家主义的历史传奇。

如果我们将这部书仅仅放在“茫茫禹迹，画为九州”的华夏时空里来读，那是不够的，它应该有更长的时间和更大的空间尺度，要跳出既定的国家观念来读。时间的长度有多长？我们以为，它应该以全新世开端为起点，以禹迹出现、金石并用作为它的下限，对应“文化中国”，相当于仰韶文化和龙山文化两个时期。而其空间跨度，在我们看来，便是那条以撒哈拉为起点的绿洲之路和以彩陶为纽带联结起来的人类文明之路。

这本来是一条自南往北、自西向东的进化之路，可人类文明在经历了数以万年计的自然性生长的生生灭灭之后，终于在全新世到来时开始了数以千年计的以造物为标志的产业化的社会组织性成长。当“全新人”以征服自然的方式超越进化，打造出一个“全新”的文明世界时，人类便从自然进化的链条和自然环境的束缚中解放出来，加快了文明的进程。如果说自然的进化尚要数以万年计，那么文明的进程便加速至数以千年计，随之而来历史的进步就更是数以百年计了。以此来看所谓“全新世”，就是从自然进化走向文明进程的新时代，是从文明的进程里开启了一个由人类自我意识呈现的“国”的历史时期。

超越进化的一个显著标志，就是人类文明在全新世大暖期里表现为全球化生长，不仅从北非到欧亚，顺着彩陶之路遍地开花，而且跨过白令海峡，前往美洲，还向北极进发……人之所至，形成有别于自然界的新的文明世界。在自然进化中，我们已知人类文明从一个源头出发，以一地为中心向四方传播，无论考古学，还是基因说，皆如是曰。然而，我们来看文明的进程却非如此。在文明世界里，文明异地并起，自本自根而又你来我往，你追我赶却自成中心，你争我夺且自生自灭，呈现出多样性。进化之于人类，是自然进化的一部分，就此而言，人是自然的产物；但，人也是创造的成果，是人类自我意识的产物。通常，我们都说“劳动创造人”，当然不错，可仔细一想，蚂蚁、蜜蜂也都劳动，猴子采摘、狮子狩猎不也是劳动？所以，我们不能简单地说“劳动创造人”，而应该说“创造性的劳动创造人”。

以此来看所谓“文明进程”，其实，也就是个“创造性进化”的过程。

或曰，当文明世界形成之时，便是自然进化终止之日。这样说来，似乎绝对，但我们只要看事实，就不难发现，古往今来，便是如此。自从文明世界征服了自然，自然界的物种进化差不多就停止了。别说像恐龙那样曾经不可一世的大型物种已不再出现，就连对人类构成过威胁的狮虎之类，如今亦濒临灭绝，反而要被人类纳入生态保护的范围，其他动物也就向人类畜牧和宠物的方向发展了。这与其说是进化的胜利，毋宁说是进化的逆转；与其说是“物竞天择，适者生存”的自然法则的贯彻，毋宁说是人类文明向自然法则告别。因为，自然界，一物虽强，却难阻他物进化。比如，狮、虎猎食马、鹿，马、鹿会因之而有速度的进化，还能逃之夭夭，可人类狩猎以文明之网，使马、鹿的进化成为多余。

如此这般且与现代人生活相关的文明进程，应该说，就是从“全新世”开始的，我们现代产业的基础，也都是在那一时期生根发芽的。若谓此前采集和渔猎作为人类的谋生手段还是动物性本能的拓展和延伸，食物的来源要靠自然提供，那么在全新世突然出现的农业、制造业和畜牧业则是人类超越自身、征服自然、见证自我的创造。

这一时刻的到来，以“全新世”神话的出现为契机，正是神话，开创并记录了“全新人”趋于神、走向神的历程。而《山海经》，便是这样一部在中国结集，承载了“全新世”文明进程的神话，以中国方式描述了“全新人”的世界观和宇宙观，展示了“全新人”图腾化和志怪式的精神面貌，若就其相对于考古学的时代性而言，它应该就是新石器时代，亦即我们所谓“石灵时代”的彩陶文化和玉文化的产物，而且它已开始迈出走向青铜时代也就是我们所说的“金石并用”的脚步，而文化中国就是以彩陶和玉为标志的国度。

“造物”是神话的灵魂，所谓神话故事，也就是“造物者”的那些事。

而那些“造物者”，也就是所谓“全新人”了。他们没有地域，不分种族，不受地缘、血缘束缚，没有族界、国界分野。他们说着简单的语言——那是一种全人类都能听得懂的“语言”，我们称之为“全新人”的世界语，简单得或与信息时代的机器语言“1”和“0”相似。说着这样的语言，行走在那条大暖期哺育的绿洲之路上，“全新人”开始了全球化生存，穿越今日所谓亚、欧、非三洲。那时，气候宜人，物产丰盈，人烟稀少，他们“各尽所能，各取所需”，应有尽有，人的个体性与人类性的统一完美呈现。那些“天下为公”“人类大同”的“造物者”，便是《圣经》里建造巴别塔的“全新人”。《圣经·创世记》里说，挪亚子孙离开方舟，来到底格里斯河与幼发拉底河之间的示拿平原，也就是今天的美索不达米亚平原，他们决定建一座城和一座塔，使塔顶通天，直抵“上帝之门”。人类的“创造性进化”及其终极追求使神感到恐慌，神就在人类文明进程的关键点上改变了文明的发展方向，使全球化的人类统一性的文明转向地域化、种族化、国别化的分裂性文明，文明的冲突从此主导了文明进程。

神给人类文明做了一个小手术，那就是变乱人类口音，使简单的语言复杂化，故那城的名字就叫“巴别”，本义为“上帝之门”。可《圣经·创世记》把它同另一个希伯来语“混乱”联系起来，文明的统一性便解体了，人类因之而争吵不休。巴别塔没建起来，人类反而陷入神设的语言陷阱中，言语纠纷从此成了人类灾难的渊薮，挪亚子孙们风流云散，说着不同语言，四处漫游，随着闪、含、雅弗三兄弟分迁，形成了亚、非、欧。中国的《山海经》神话里，虽然没有巴别塔的故事，但亦自有其上天之路，那就是昆仑山。昆仑山就在那条绿洲之路和彩陶之路上，山上有铜柱，其高入天，围三千里，分三层，第一层登之不死，第二层登之乃灵，第三层登之乃神。在山上，天和地可以交通，神与民经常往来，好一个全新人的神话世界。那时，人生而自由，束缚人的制度性枷锁尚未形成。所以，卢梭说的那句话，放在人之初，就要改一下——人不但生而自由，而且无往不在自由之中。

本来，神话思维的“全新人”，在大地上浪漫够了，就想造一座高塔上天去，再到天上去浪漫一把，那样的情形，就像中国小说《西游记》里写的孙悟空大闹天宫，那个从石头里蹦出来的孙猴子，便是中国版的石灵时代的代表。无独有偶，正如《西游记》里玉皇大帝对石灵的代表孙猴子感到恐惧，在西方人的《圣经》里，创世之神对以“造物者”自居的神话人也开始嫌弃。如果说天宫对孙猴子的镇压便是中国式“绝地天通”的标志，那么神在人与人之间制造语言分歧，我们也就可以视之为“绝地天通”在西方的故事了。

经此一劫，全新人便从神话思维转向宗教信仰，正如孙猴子大闹天宫之后皈依了佛法一样。造巴别塔是群众性的，创世之神对群众性的否定，反映在二希——希腊和希伯来文明中，不是所有的人都能上天堂，不是一切事物都能上天堂，要有宗教信仰的个体才能上天堂。不同的文明，有不同的天堂，有不同的宗教信仰。在二希文明中，天堂，向一神教和形而上学开放，向个体形态的原子论和上帝粒子——灵魂开放；在中国文明中，天堂，不仅向着泛神论的宗教信仰开放，更向着以天命、天道、天理为皈依的人文精神开放。

灵魂不死，得有个去处。这是个怎样的去处？是信仰的去处，还是认知的去处？是形而上学的去处，还是科学的去处？不同的去处，用了不同的语言，常常发生冲突。应该说，这还是巴别塔留下的后遗症。语言的分歧，不仅导致族群、国别之类的有形差异，还带来观念、精神以及思维方式的无形分别，这些差异和分别一旦同社会形态和国家利益相纠葛，就会产生“文明的冲突”。冲突，奔腾在大地上，然而，其思想的根源却在天上。

陆吾，引自马昌仪《古本山海经图说》

《山海经》首先是一部神话传说之书，始于禹，传至汉初定型，由刘向、刘歆父子校勘而成。刘氏父子为汉宗室，活动于公元前后宣、元、成帝时期，武帝独尊儒术后，刘氏父子融冶诸子，完善儒学，使诸子学说得以流传，被视为“怪力乱神”的《山海经》亦流传下来。《山海经》是一部神话地理风物志，全书十八卷——“山经”五卷、“海经”八卷、“大荒经”四卷、“海内经”一卷——共约3.1万字，记述了100多个邦国、550座山和300多条水道等。现存的《山海经》源自东晋郭璞的注释本，但郭本原图已佚。近人袁珂所著《山海经校注》150幅插图，出自清人吴任臣的《山海经广注》和马昌仪《古本山海经图说》。以人的灵眼看世界，《山海经》中的神，或人身或人脸或人的四肢，或各种动物之集合，与古希腊神话中的神不同，古希腊神话中的神与人同体同形。

“宪”（憲）字从金文到繁体字的演变

人类宪法，始于神话。初民以神话方式，赋予万物以灵性。文字产生以前，神话口耳相传，或以特殊的方式记录，讲述人与自然分离过程中的种种故事。神话应该是确立神人关系的第一部宪法。

“立宪”的原始义及衍生义：从小篆到繁体以及异体字，“憲”字皆从心从目，本义为“敏捷”。在狩猎采集甚至与人的搏斗中，敏捷者胜！敏捷者要眼到心到，由心指挥手持石灵——玉，此为“宪”字初义。大概是以“敏捷”“聪慧”的人为榜样，词性发生变化时，便衍为准则、规矩之意。如“聖”字，从耳从口，聪耳听八方、善于演讲者为口含天宪，可以为王为圣。圣人以人格为天下人树立榜样，即为立宪之一种。《逸周书·谥法解》说“博闻多能曰宪”，就是指前两种。小篆是秦统一文字以后的秦国文字，而秦以前已有“宪”字衍生义用法，《尚书·益稷》出现了“慎乃宪”三字，意为要遵守规则，《诗经·小雅·六月》有“万邦为宪”等。

甲骨文、金文、篆书中的“玉”字

据徐中舒主编《甲骨文字典》注释，玉字本义，是串联起来的三块玉，是用玉的计量单位，以此衍生出衡量或制定标准的权威意义，才能成为祭神的礼器，以及转化为人格的准则，成为道德的美饰。以美德约束人的行为，所谓“君子佩玉”，玉成为道德层面的立宪标志物。

玉石具有承载精神的功能。在“石灵时代”，最具“石灵”象征意义的是玉石。在新石器时代，人类理性未萌，而灵性已开，不是人的理性，而是人的灵性为自然立法，灵的宪法就是神话，或为巫祝。石灵时代，是针对作为精神动物的人来说的，以别于传统石器时代过分“唯物”的称谓。在石灵时代，能把石头玩成灵启的是良渚人。

05

彩陶新世界

—— 史前那一次文艺复兴

石器，即便是玉器，还只是对自然物顺其自然的加工和利用。

而彩陶，则如宋应星《天工开物·陶埏》所言，乃“水火既济而土合”，是以水、火、土三元素为质料因，以自我意识的表达为形式因开发出来的新事物，是以内在性元素外化为美的实用功能的结构和造型，这当然就是创造，是造物，是用水、火从泥土中陶冶出来的缤纷的大地之梦，使人从自然物的天然加工者转化为自由的造物者。

人不知足，而欲造物，人能造物，神话始出。神话的产生，意味着人欲超越自然，欲于自然界外，造就一个属于人自己的世界，不是把人看作自然的产物，而是当作神的后代。仰韶人就是这样的造物者，他们从石器时代的石器加工者转化为陶器时代的彩陶制造者，从直接利用自然物转向以自然物为原材料创造自然界里原来没有的新事物。

仰韶人以一种新的生产方式及其产业造物，造就了新世界，那是造物者的世界。神话中的神，即以造物者为原型加以放大和提升，其功能造物，职能亦造物。

不过，我们觉得，神话中对于神的本质的规定性同样适用于仰韶人，仰韶人就是这样的造物者，他们在造物的同时还造了神。我们不知道仰韶人怎样以口述的方式在传说中造神，也不知道后世以图文载录的神话有哪些属于仰韶人，但我们从仰韶人留下的彩陶文化中依稀可见造物者的自我，以及造物者以造型和绘饰发表的宣言：“我就是神。”

看那女神，仰韶人的彩陶女神，看那造物者如何突破物的束缚解放自我，看那彩陶之眼，宛如惊鸿一瞥，开辟鸿蒙，让人永恒心动，那是启蒙主义的眼睛，是充满了宇宙意识而又流露出人文主义的眼睛，是创造文化而从未被文化浸染和熏陶过的眼睛。

有人说那眼睛很像古希腊雅典娜的圣鸟猫头鹰，也许那女神就是史前时期在东方出现的雅典娜的原型，因而有一双雅典娜式的眼睛，有不亚于“蒙娜丽莎微笑”的永恒的眼睛。从那眼睛里，流出有如宇宙之谜的眼神——那些形式化的线纹向我们诠释了水、火、土三种元素如何在运动中融合，如何化作她生命，并进而外化为物。

想想吧，如果她就是女娲或雅典娜，一位史前文艺复兴运动中的女神，当她站在窑前，如天神主宰苍穹般主持着自己的窑，那时，造物者本人就已出神入化了。

造物的原理，也可以用来解释宇宙的形成。高原上，天似穹庐，笼盖四野，造物者的窑，亦似穹庐，造物者在窑里陶冶水、火、土。陶以窑为天，窑破了要补，造物者说，这叫作“补天”。天破了呢？也要补！女娲补天，宣告了和平主义的女神时代来临。那些男神，挟雷携电的神，排山倒海的神，他们天上地下，不顾一切地打起来了，把天地都打残了，留下个烂摊子的宇宙，让女神来收拾，而女娲就是女神代表，彩陶就是补天材料。

确实，用陶罐来盛水，水不会漏，将陶罐放在火上烹煮食物，罐也不会裂，这样的陶土，岂不就是补天的材料？还有那些用毛笔画出来的审美纹饰，那些奔放的线条，如大地流水，水里有鱼，似天上行云，云中有鸟。那鱼和鸟，上下与天地同流，从旋涡来，回旋涡去，通过旋涡，进入宇宙最深处——孕育万物的子宫。女神开物，与之同构，以水、火、土营造文明子宫，窑如子宫，罐如子宫，三行相生于子宫。五行说是青铜时代的产物，彩陶文化展示的是水、火、土三行，金和木来参与，将三行发展为五行，要等到占主导的工业和农业出现，那时，作为金元素的矿物和木元素的种子才能进入文明的核心构成五行。

我们再来看那一只壶，颈长且直，腹扁而鼓，腹体上有四圆，圆中皆有一“卍”字。原以为“卍”字出自佛教，没想到它源于中土，而且，出现在史前彩陶文化中。“卍”字，北魏菩提流支于其所译《十地经论》卷十二中，译为“万”，而鸠摩罗什和玄奘都译为“德”，后来，武则天“音之为万，谓吉祥万德之所集也”。“卍”字符号，历来有左旋和右旋分别，中土皆左旋“卍”，西方多右旋“卐”，它们都起源于佛教出现以前。

宇宙，一壶也，四圆同壶，正所谓“万物一体”。“卍”在其中，明显左转，从东向西，天旋地转，如轮之运行，循环往复，乃日出日落，春去秋来，四时变化之“所行道也”。此非太极之原型，阴阳之图式，由“一阴一阳之谓道”而来之宇宙叙事乎？

总之，左旋如地球自转，右旋则自西向东，顺时针旋转如钟表一般。

我们知道，史前彩陶，除了作为器，满足百姓日用的实物功能，还有作为道，表达初民“天下一致而百虑”的思想功能，同时，还有作为媒介的文化传播功能。

陶为媒介，远胜于石，人之于石，只能雕刻，表现性受到限制，而人之于陶，表现性则相对丰富，可雕，可塑，可以书写和刻画，故能表现更为复杂的符号化思想，提撕更加深刻的形式化精神。石固权威，刻石亦曾神圣，所刻于石者，无论指事、象形，无不分享了石的本质而趋于永恒。然，所刻之石，可求时间永远，而宜于纪念碑，却不适于传媒，传媒需要空间覆盖面，尽可能伸向遥远，而这正是玉器时代到来之前的石头的局限。

当陶器取代石头来做媒介材料，东西方才开始了广泛交流，交流的标记留在陶器上。安特生等人发现了陶器上西来的那一部分，我们将其视如自西向东的右旋之“卐”，而从长江流域及东南沿海过来的那一部分，则视如由东往西的左旋之“卍”，它们仿佛史前那一场文艺复兴运动的标志。有两次文艺复兴运动，兴起于中国西域。一次在汉唐西域，那是以敦煌为中心的河西之地，据说，英国历史学家、哲人汤因比就神往于此。另一次，在仰韶文化西域，那是更靠近中原的陇西洮水岸边的小村子，是史前的敦煌——马家窑所在地。如果允许我们像哲人汤因比那样来选择，我们愿意在更温暖、更自在的仰韶文化西域安居。

旋纹彩陶瓮，高约 51 厘米，线条瑰丽流畅，对称平衡，属于马家窑文化马厂类型，距今约四千年，被誉为“彩陶王”，甘肃省博物馆藏

“大暖期”（Mega thermal）一词是挪威地质学家乌尔夫·哈夫斯滕（Ulf Hafsten）于 1976 年提出的，是指间冰期中最暖的阶段。此后研究地质年代或史前史，基本使用“大暖期”这一概念替代以前应用较广但含义较窄的高温期与气候最宜期，始于约一万年至八千二百年前，终于约三千三百年。大暖期延续了五六千年，其间包含了相当多的气候与环境波动。

幸运的是，轰轰烈烈的彩陶带上，造物者正逢大暖期，成为“创造性进化”的主人，是“创造性劳动”创造了人。造物不是借助自然界和顺应自然性的加工和利用，而是整合相应的自然元素，再造全新的事物。如全新世大暖期彩陶带上的人类，他们将水、火、土自然元素融于一冶，创造出一个自然界里没有过的全新的事物——陶器。

鱼纹彩陶盆，大地湾文化中期以后仰韶文化半坡类型彩陶

陶器是人类在全新世的伟大发明，人们第一次将水、火、土等元素在相对封闭的环境里，经过冶炼，生成陶器。在工艺上，从用手盘筑泥条，再到用陶轮快速旋转来盘筑泥条，从露烧到窑烧，从横穴式到竖穴式窑，陶器的烧制温度越来越高，陶质从夹细砂陶到细泥红陶和橙黄色陶，为彩绘提供了越来越平滑匀称的介质。依据彩陶出现的时间排序看，这条人类彩陶带波澜壮阔，遍布从撒哈拉经由美索不达米亚通往东方黄河上中游流域的绿洲之路。彩陶时期的人类，用赤铁矿研磨成赭红色，以铁和锰为着色元素，制成略带褐色的黑颜料，黑色与陶本色形成醒目的色差而成为主调色。动物、植物、几何纹样，甚至还有人格化的图案看起来并非随心所欲，从题材到造型，似乎都有严格的制约和规范，虽然不如玉器那么具有深沉的礼仪气质，但也承担了人类审美性的观照，表达了彩陶文化的精神。

宽带纹三足彩陶钵，甘肃秦安大地湾遗址出土

宽带纹三足彩陶钵，是目前中国考古发掘最早的彩陶，制作于约八千年前，出土于大地湾遗址。遗址位于甘肃秦安五营乡邵店村，分布在葫芦河支流清水河南岸的缓山坡上。大地湾遗址，大致可分为五期文化：前仰韶文化、仰韶文化早期、仰韶文化中期、仰韶文化晚期和常山下层文化，历史年代从约八千年前一直延续到约五千年前，位于全新世大暖期的彩陶带，是中国西北地区迄今为止最早的新石器文化。遗址面积约275万平方米，文化层厚1~4米。房屋遗址240座，灶址98个，灰坑和窖穴325个，墓葬71座，窑址35座，沟渠12段，累计出土陶器4147件、石器（包括玉器）1931件、骨角牙蚌器2218件和动物骨骼1.7万多件。大地湾一期陶器均为红陶，夹细砂为主，泥质较少，纹饰以交叉绳纹为主，彩陶较少，有红色宽带纹、锯齿状纹。器形有三足钵、三足罐、筒状深腹罐、圆底钵等，有地方特色。中期以后的彩陶有半坡文化特征，或与庙底沟类型相似。

人头形器口彩陶瓶及细部，高 32.3 厘米，口径 4 厘米，底径 6 厘米，
甘肃秦安大地湾遗址出土，仰韶文化庙底沟类型

彩陶鲵鱼纹瓶，甘肃甘谷县
西坪遗址出土，仰韶文化

红陶人面像，残高 15.3 厘米，宽 14.6 厘米，
甘肃天水市柴家坪出土，仰韶文化石岭下类
型（距今五千二百年）

人的世界，是由人的观念构成的，如果人格作为一个观念必须有一个对应观念的话，那么是否有一个物格存在？物格可以通过图像表达，但终究是人格自由的显现，是以自由攻克各种束缚的结果。人与自己的创造融为一体，创造的本质是自由的显现，创造本身就是人格在行动。

“卍”形纹彩陶壶

肢爪纹彩陶豆（俯视）

马家窑彩陶文化遗址，因 1923 年首先发现于甘肃临洮的马家窑村而得名，历史年代为新石器时代晚期，有石岭下、马家窑、半山、马厂等类型，分布区域在黄河上游的甘肃、青海境内的洮河、大夏河及湟水流域。中原地区仰韶文化彩陶衰落以后，彩陶在马家窑文化又得到延续发展。“万”字纹饰，始于马家窑马厂遗址，由两个肢节爪指纹交叉而成，后简化爪指，抽象为神秘的“万”字符号。

旋纹彩陶盆（俯视）

马家窑类型的彩陶表面打磨光滑，用浓亮的黑色描绘纹饰，以平行线将绚烂的水纹分割为秩序均等的流速，放眼马家窑彩陶，如满河朝霞。有研究认为，涡纹是水纹，反映了马家窑人对水的崇拜。

06

史前东西方

—— 从中国到希腊

约八千年至四千五百年以前，中国大地上，展开了全新世文明。

那时，气候温暖，人类走出冰期，进入全新世文明的春天。

史前文明遗址，在中国大地上星罗棋布，从东到西，由南而北，出土了多少原始文化？有多少“生而自由，死亦自由”的原始人在天地和山海之间奔走？如果我们相信人类文明还真有过那么个黄金时代，那时代一定是在距今六七千年前，很多学者称那一时期为“中国全新世大暖期”，如以文化来标记，又称“仰韶温暖期”。为什么要以仰韶文化来标记呢？同一时期，不是还有东北的红山文化，东南马家浜与河姆渡文化？

看来，不光是因为仰韶文化遗址多，分布广，也不光是由于仰韶文化得地利之便，顺着三级阶梯的地貌，居上风上水，由西向东，渐次降低，而是基于那一时期的主流文化形态。那是一个彩陶时代，有一条彩陶之路，东西向贯穿了欧亚大陆，形成了那一时期主导性的文化标志。彩陶之路的起点在哪里？最初以为在西亚两河流域，因为在那里发现了八千多年前的彩陶文化遗址，比仰韶文化的彩陶早了一千多年，但据近来考古成果，在中国仙人洞文化遗址里，发现了一万多年前的陶器，这样，我们就有理由认为起点在东方。

而东方彩陶文化的代表，应该就是仰韶文化。它位于现在中国境内，其分布范围，西起陇山，东至渤海，北达阴山，南抵江汉，以华山为中心，以关中、陕北地区为重镇，有人称它为“最早的中国”，但它尚未形成早期国家形态，只能以文化认同的形式形成文化的江山，或以文化传播的方式形成仰韶化世界，沿着彩陶之路向我们展示其存在。

那时，西亚两河流域，已有国家存在，而中国境内，亦自有了一片文化的江山向着文化中国进展，最初，是一个从山到海的展开，是万里江山从昆仑到蓬莱。

在世界各国的神话逻辑里，文明都起源于天上，而且都有一座圣山通天，古希腊有奥林匹亚山，希伯来有西奈山，中国有昆仑山，所不同者，古希腊是神话山，希伯来是宗教山，而昆仑则是文化的江山。神话山之诸神，宗教山之上帝与先知，皆为主宰，而文化的江山则基于天命与天道的在天之灵的祖灵式存在。文明的种子来源于天，由在天之灵播种，播天命之种于山巅，传天道之脉于河源，由高原而平原，从高山到大海，万里江山就这样被长江、黄河开辟出来，英雄奔走其间，文明化为流域，形成《山海经》世界。

神话中，昆仑山为天下河源地，河源向东，开辟中国，向西，向南，向北，亦自有其不同的国度及其对应的《山海经》世界。故《山海经》世界，非一国之天下，而是自由迁徙尽其所能形成的天下人之天下，我们所说的《山海经》世界，亦非言其全部，而是就其两大河源长江、黄河而言之，言其流域所在，文而化之所形成的文化的江山。

仰韶文化就出自黄河一脉，马家浜与河姆渡文化出自长江一脉，先是黄河流域的彩陶文化成为主流，开辟彩陶之路，形成彩陶文化的江山，接着又有长江流域的良渚文化，在统一马家浜与河姆渡文化的基础上，开辟玉石之路，形成玉制的文化中国。

而当下考古学提供的证据，也正在改变以往神话的逻辑，如果我们不去追根，而以史前文明的实际分布为依据，就会发现，文明的据点密集于东部，贯穿于从东南到东北的东部沿海一线，几千年来，山与海的升降、进退，决定了文明发展的基本面。

仰韶文化时期的海岸线，与现在不同，那时的渤海湾西岸，凹于燕山和太行山之间，海岸线自东北沿着山麓西南行，延伸到今天的蓟县—宝坻—保定—石家庄—邯郸—安阳一线，海湾显然比现在要大很多，也就是说，那时的渤海湾就像个地中海，活动在太行山一带的仰韶人，如果登山眺望东方，应有一番“面朝大海，春暖花开”的景象。

仰韶人的活动范围，基本上就是后来汉人安居的地盘，因此，我们已习惯于将仰韶人视为汉先民或原始汉人。仰韶人是幸运的，他们从高山走向大海，有了一个自己的《山海经》时代，在一个最宜于人类生息的周期，生长在一个最宜于人类居住的地区，那是多么幸运，天气那么温暖，而大地又那么富饶，生为仰韶人啊，多么自在而富有。看看那时的地球，虽说已进入全新世，但大暖期的到来是随地球自转，自东往西的，人类走出冰期亦先从东方开始，于约八千年前率先进入“仰韶温暖期”，西方跟着变暖，至约七千年前才进入被西方学者称之为“大西洋期”的温暖期。我们猜测，从“仰韶温暖期”到“大西洋期”，中间千余年，人类很可能有过一轮大波浪似的从西向东的大迁徙。那是一个自由迁徙的时代，没有种族与民族，没有国家与国际，“仰韶文化西来说”多少摸到了它的一点脉息。

1921 年，瑞典考古学家安特生，在中国河南渑池仰韶村发现了彩陶文化遗址，谈起文化来源，他提出了“仰韶文化西来说”，认为河南与甘肃出土的彩陶，同中亚土库曼斯坦安诺文化彩陶有联系，而中亚彩陶文化来自西亚，所以，仰韶文化“西来”。此说一出，便随着“西化”流行。那年头，正是新文化运动席卷中国、西化思潮弥漫东方之时，西方人纷纷来华，除了来传道，还来考古，他们用考古学的眼光，在中国大地上，发现了一处又一处史前文化。而仰韶文化，可以说是最重要的一处，因为这一处，不仅地处中原，作为一种文化类型分布甚广，而且源远流长，突破了太史公建立的那一套以黄帝为始祖的“炎黄子孙”的血缘谱系，以至于我们不能不相信，我们除了是炎黄子孙，还是仰韶文化传人。可安特生却告诉我们，仰韶文化“西来”，我们的远祖同安特生们一样，都是“西来”人。

这样一说，搁在新旧交替之际，东西方冲突之时，无疑对中国传统提出了严重挑战。安特生为了证明他的“西来”说，还跑到甘肃去考古，又发现了马家窑文化。他原以为自己找到了比仰韶文化更早的“西来”文化，因为他注意到甘陶比豫陶更发达，而且遗址里，未见有中原特征的陶鬲，故认定彩陶来自西方，来甘时，尚未受中原固有文化影响，传到豫地，才与以陶鬲为代表的中原固有文化相结合。20世纪初，东西方在文化上的纠结，被安特生等人带到考古学里来了。然而，进一步的研究表明，仰韶文化比马家窑文化在时间上要早，有种种迹象显示，甘肃、青海一带的彩陶文化，反倒是从中原传播过去的，因为，中国考古人发掘了更多的遗址，拿出了更多的实物来证明中国文化由本土起源。

较为合理的解释，应该如汉通西域，中国文化往西去，西方文化向东来，是双向的，而不仅仅是西方人“向东，向东，再向东”。东方和西方，总要在一个地方碰头，汉、唐时的中亚地区，中国人称之为西域，那是一个希腊化与中国化交替的世界。古希腊文明，随亚历山大东征从西边来，在西亚、中亚、南亚留下一个希腊化世界；印度文明，随佛教传播从南方来，进入中亚和东亚；而中国文明，则从东方来，打通西域，以玉石和丝绸之路，使中亚受汉文化影响。当三大文明相会于中亚，那时，真正的世界史就出现了。

进入中世纪，希腊化影响稍息，在西方，其影响被基督教取代了，在东方，则被佛教取代了。可基督教和佛教本身，则早已被希腊化了，基督教被希腊哲学化了，佛教被希腊艺术化了。哲学化的基督教取代罗马帝国，进而统治欧洲，而艺术化的佛教，虽然走出印度，却在进入中国后，利用中国文化的影响力，赢得了东亚汉字文化圈的信仰。

耶稣与佛陀，皆以个体立教，而非以民族立教，故其宗教超越犹太教和印度教，成为人类性的宗教，而非一族一国的宗教。虽然他们的宗教之花未在本土盛开，却超越本土，开遍了世界。以佛教为例，当佛教之花于本土凋谢时，它却在中亚盛开了；希腊化的艺术形式，通过佛陀形象展示，从南亚到中亚，由中亚入中土，影响着中国文化。

希腊化佛陀，有阿波罗式头像，身披希腊化的长衫式袈裟。汉朝人知有罗马，不知有希腊，然而，通过佛教却不知不觉地被希腊化，潜移默化好几百年，到了唐朝，终于爆发，希腊化运动借着佛教的兴起，翻越了帕米尔高原，居然在东方率先复兴了。

这是一场真正的文艺复兴运动，其领地，在希腊化的东方，也就是中国的西域，而其代表则为敦煌。有人说“敦煌是东方的佛罗伦萨”，可敦煌文艺复兴比佛罗伦萨早了至少六百年。正如法国著名汉学家伯希和的高足勒内·格鲁塞（Rend Grousset）在《从希腊到中国》一书中所说的，希腊化佛教中，先是三大文明的两个方面即希腊文明和印度文明结合在一起，紧接着，第三种文明即中国文明，也在一种特别有利的条件下参与进来，接受了希腊人对佛陀的阿波罗式的诠释，并使之汉化，不知不觉与希腊化运动擦肩而过。

对希腊化佛教如何进入中国并在中国发扬光大的认知，有助于我们确认仰韶时期彩陶文化兴起和发展的背景。我们认为，那是一场史前文艺复兴，是东西方两种最古老的彩陶文化——中华大地湾彩陶和美索不达米亚的哈苏纳彩陶，在从中亚进入中土，相会于河西走廊时带来的彩陶文化复兴。那时，促使东西方相会的，不是丝绸，而是彩陶，当然，还有气候，随着“仰韶大暖期”的到来，冰川融化，海水上升，海侵驱使着太行山以东以及太湖流域和杭州湾一带的沿海文明向西迁徙到中原。而西方由于暖期迟到，寒冷迫使西方文明“向东，向东，再向东”。于是，东西方两大彩陶文明体系就这样走到一起来相会。

正如希腊化的风格与汉唐气象互动于佛教产生了敦煌佛教艺术一样，以马家窑为代表的彩陶文化则是史前时代其他地区彩陶文化相继衰落时，东西方彩陶文化至此充分交流后达到巅峰的产物。从八千多年前的大地湾彩陶到五千多年前的马家窑彩陶，仰韶人行走在他们的彩陶之路上，走了三千多年，其间，与西来的彩陶文化互动，形成了一条彩陶文化带，马家窑文化就在这条文化带的东部崛起，成为后来玉石之路和丝绸之路的先驱。

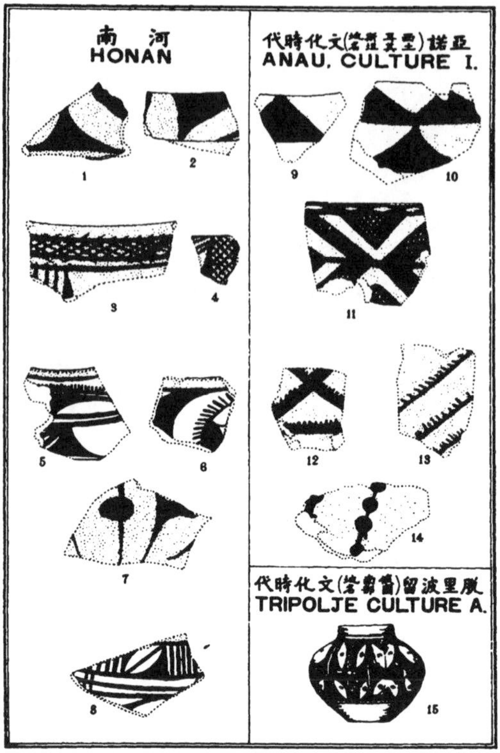

仰韶文化与安诺和特里波列文化彩陶纹饰对比，引自安特生著作《中华远古之文化》

约八千年前，大暖期的到来，为生活在北纬 30° ~45° 的新石器时代的人类，带来了更为宜居的气候，形成了一条亚、非彩陶文化带。仰韶文化彩陶类型，被认为与土库曼斯坦的安诺文化遗址，以及与乌克兰和多瑙河下游的新石器时代的陶器风格相似，这使得许多考古学家相信，制陶技术或许有一个共同的起源，由种植谷物的农民带到东方或西方。根据目前考古结果来看，已知陶器发展路线有两大主流：一是约一万年前从中国江西万年仙人洞与吊桶环遗址以及湖南玉蟾岩遗址开始，向整个华夏传播；二是约九千年前从西亚幼发拉底河东岸的穆赖拜特（Mureybet）传播到埃及和爱琴海地区，之后又传到中亚等地。西亚是西方陶器文化的源头，先后向埃及、希腊、北欧、中亚、南亚扩展。分布于彩陶带上的人类，也许因为那时民族未分、国家未立而自由迁徙，来往频繁。

07

文明大分野

—— 两个伊甸园及其文明分化

就在这条彩陶之路上，人类发生了一次重大事件，改变了命运。

《圣经·创世记》这样说，在经历了大洪水以后，挪亚子孙便开始了新的繁衍，他们来到示拿平原——文明的新月地带，也就是底格里斯河与幼发拉底河之间的美索不达米亚平原，决定在这里建一座城和一座塔，使塔可通天，人类能直抵“上帝之门”。

那时，人类的口音、言语都一样，人的欲望使神恐慌，神变乱人口音，人因语言不通而分化，故那城名，就叫“巴别”，缘于神在那里变乱了人类的言语和口音。

近世欧洲学者从梵语、古波斯语、希腊语、拉丁语、日耳曼语以及凯尔特语的某些相似性中寻找人类共同的原始语根，以印度－伊朗语族的历史比其他相关语族的历史更为悠久，来确认人类语言的发源地在东欧草原和高加索地区，并首次提出雅利安语和雅利安人的概念，并以“雅利安摇篮地”取代“希伯来摇篮地”作为语根化的文明的摇篮。

就这样，对语言的寻根，取代宗教和神话，成了文明起源的依据。

语根研究认为，闪、含、雅弗三兄弟分迁后，离开了“雅利安摇篮地”，闪族流浪遍中亚，其中向东方的一支，成了蒙古种族的始祖；含族流浪至南亚和北非，成了非洲种族的始祖；雅弗族浪迹北亚和西北亚，然后穿过欧洲，成了高加索种族的始祖。

在古代文明中，他们三分天下，古埃及始于含族，苏美尔－巴比伦源于闪族，雅弗族文明初曙，以其原始的活力，说着雅利安语，游牧于欧亚大草原和大平原。

前 2000 年，雅利安人向东、南、西三个方向迁徙，向西南迁徙，雅利安语与伊比利亚人古老的巴斯克语融合，形成了凯尔特语族、拉丁语族和希腊语族；向西北和波罗的海地区迁徙，则演变为日耳曼语族和波罗的语族；向东北和东南迁徙的，衍生出斯拉夫语、亚美尼亚语和印度－伊朗语诸语族。雅利安人后来居上，成了古代文明的终结者。

文化传播学派认为，世界文明同出一源，中国文明也从“雅利安摇篮地”来，其首倡者，就是瑞典人安特生。1921 年，安特生在中国发现了仰韶文化遗址，遗址出土的最有特色的彩陶，与中亚地区安诺遗址出土的彩陶相似，在时间上，安特生把仰韶文化遗址安排在刚好处于安诺遗址和商、周文化之间的阶段，并因此提出“仰韶文化西来说”。

此论一出，群贤附议，遂有西来说兴起，说法有四种：自埃及来，由巴比伦来，从印度来，或曰从更古老的民族来，这样仰韶文化便与“雅利安摇篮地”有关了。

还有从《圣经》里面去发掘“中国元素”的，例如，意大利学者安东尼奥·阿马萨里在其所著《中国古代文明——从商朝甲骨刻辞看中国上古史》一书中，就谈到《圣经》里面跟文明起源有关的两个伊甸园。一个是众所周知的《创世记》里的伊甸园，在示拿平原，也就是人类始祖亚当、夏娃的住处，人之原罪开始的地方；还有一个，便是在《以西结书》中提到的伊甸园。安东尼奥·阿马萨里指出：《以西结书》证明了犹太人同时存在两个伊甸园的形象——一个是位于平原的赤道森林形象，另一个则是位于山上的中国花园形象。

中国伊甸园，有两个明显标志：高山和大树，作为天柱、天梯。而上帝，据说就是住在大树上的那个人。在卜辞里，或曰“帝”之象形为花蒂，上帝或许就住在中央天梯之树的花房里。那树，鲜花盛开，果实累累，立于天人之际，生生不息，人类取之不尽，食之不竭，那当然是一棵人类生命之树，上帝就是那棵树的主人，不光是《创世记》中西方伊甸园里那棵树的主人，还是《以西结书》中东方伊甸园里那棵树的主人，也就是《山海经》中“和平乐园”或“野禽狩猎园”的主人以及《穆天子传》中“空中花园”的主人。

看来两个不同的伊甸园，决定了东西方文明的分野。从西方伊甸园里，只能产生巴别塔式的文明，在东方伊甸园里，则无须巴别塔，因为它本身就处在高山之巅，那里离天最近，更何况上帝就住在山顶的那棵参天之树上，这是文明起源时地理环境不同带来的神话图式的差异。所以，中国神话里没有巴别塔式的分裂，而有昆仑山的连山统一性。

昆仑山的统一性，由上帝赋予，文明的种子，宛如在天之灵，在生命之树生长，从昆仑到蓬莱，是一个宏伟的连山结构，从山到海，展开了东方的《山海经》世界。

昆仑山上有铜柱，周围三千里，上下分三层，循序渐进，可以登天。

第一层，人登之不死；第二层，人登之通灵；第三层，人登之成神。

那时，天地可以交通，神民能够交往。后来，蚩尤率苗民造反，杀上天去，与黄帝争做上帝。所以，到了黄帝孙子颛顼继位时，便派重、黎二神，管天管地，将神民分开，民不上天，神不下凡，“绝地天通”了。不同于《圣经》里的“巴别塔”的传说，颛顼“绝地天通”，未使人类因语言而分化，而是采取了文字神化的解决方案，故写字一族，仓颉及其徒子徒孙——巫史等，便在“绝地天通”之后，成为“究天人之际”的神媒，以象形和会意沟通神与民，成为先王攫取权力的工具和观象制器的符号，为中国文明的统一性奠基。

西方文明，因文字向口语靠拢，而产生了拼音文字。中国文明，以文字规范口语，产生了形意文字。口语因地、因人而异，西方文明遂因之而不断“分化”，由“分化”而演进，形成民族国家和民族精神；中国文明因口语向文字靠拢，而使语言趋于“统一”。

相比之下，“分化”的文明，多路并进，你追我赶，利于发展，古代有希腊、罗马，近现代有英、美与德、法，如接力赛，西方文化引领世界，执文明之牛耳，如今已是不争的事实；“统一”的文明，兼收并蓄，缓缓积淀，慢慢涵化，而成一大格局，故当“分化”的古文明解体后，中华文明尚能维新，历数千年而一脉相承，此亦不啻为文明奇观。

在“分化”的世界里，文明趋于冲突；在“统一”的天下里，文明多有同化。

中西文明各擅其胜，在建构文明的统一性方面，西方文化屡试屡败，古代文明中，无论是具有原始统一性的“希伯来摇篮地”文明的解体，还是古典时代希腊化世界的退出，更遑论在中世纪王国初露端倪的西方文明的统一性——基督教和拉丁文，很快就在宗教改革和文艺复兴以及接踵而来的民族国家的兴起中分化了，走了一条由分化而进化的道路。

但是，西方文化，并没有放弃以语言重建文明统一性的努力，尤其在基督教中，许多先知都以其神授的能力——天生“会说外国语”，来证明文明的统一性仍然握在神的手里。当圣灵降临到使徒们的舌头上时，一种具有统一性的世界语的火焰便开始点燃。

20 世纪初，东西方出现两大文化景观：一是西方的“世界语共济会”应运而生，二是中国的新文化运动推出的汉字拼音拉丁化方案。前者是要突破《旧约》的限制，通过克服语言的混乱，重建西方文明的统一性；而后者则要使因大一统而僵化的文明西化。

“世界语”的先知们，已经预感到一场世界性的灾难正在来临，他们要努力挽救，然而却杯水车薪；而中国新文化运动的旗手们，则公开了大一统的秘密，他们像耶和华对人类语言小试牛刀一样，要对中国汉字做一点全盘西化的移植手术——拼音化。前者的努力，在第一次世界大战中付诸东流；后者的努力，虽有成效，但其结果，走的仍然是汉字加拼音的“咸与维新”的老路。分化的还在分化，统一的仍然统一，也许这就是命，一个根深蒂固的文化宿命。“不断地摧毁”乃“分化”的命运，而大一统则不妨慢吞吞地“维新”。

彩绘符号陶片，大地湾文化，
甘肃省博物馆藏

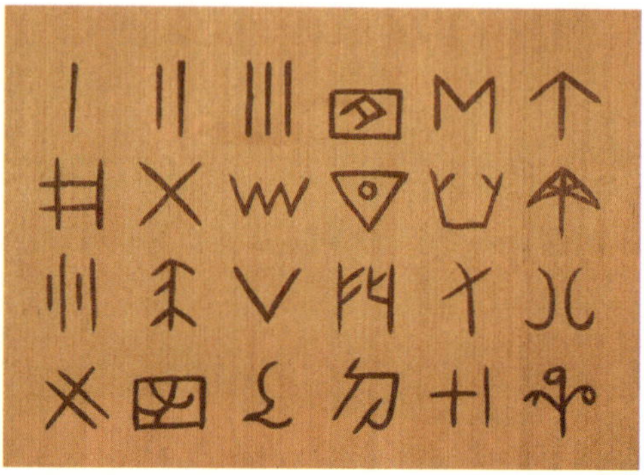

二里头遗址出土陶器上的刻划符号表

彩陶刻符钵，陕西西安临潼区姜寨遗址出土，仰韶文化

陶器符号是文字的萌芽。昆仑山为中国神话中的万山之母，其地位类似古希腊神话中的奥林匹亚山。《山海经》中，神亦起居于昆仑山上，而昆仑山，就位于全新世彩陶带。文明因语言与文字出现而分化，突破了原始大同。仰韶彩陶以及同时代的东南良渚文化的陶器上，都出现了各种符号标识，用以表意，应该是文字的萌芽。

仓颉像

相传仓颉有四只眼睛，为黄帝史官，他仰观天文，俯察地理，看龟背之纹，观鸟兽之迹，明山川之势，析手掌之纹，而造象形文字。《说文解字·序》说：“仓颉之初作书，盖依类象形，故谓之文；其后形声相益，即谓之字。”其中，“文”同“纹”，乃象形之纹样。人以文字，破解了造化密码，天机泄露，而有不详，故《淮南子·本经训》说“昔者仓颉作书，而天雨粟，鬼夜哭”，《韩非子·五蠹》也说“昔者仓颉之作书也，自环者谓之私，背私谓之公”，顺应自然的原始大同解体了，文明“自以为是”，有了公私之分。

08

神性的超越

—— 在神话与历史的连接处

考古学谈华夏文明起源，使中国文明的格局从中原转向几个相互作用的文化圈，而神话中，文明的种子则从天上来，播种在昆仑，后来长成华夏文明。

在文明的分野中，人有了种族和地域标志，开始了国家化的进程。

《山海经》里已经有了许多古国，分布在山海间，看来有些志怪，不过，那是用了我们习惯的文明背景做参照，若投以万物有灵的原始眼光，就不足为奇了。

人是自然的产物，当然得有个自然的形态；人还是自我的产物，还得有个超越自然的样子。对于自然的超越有两种：一种是物性的超越，还有一种就是灵性的超越。

物性的超越，表现于物体上，比如在人体上，便有三头六臂、千手千眼出现，以加法——扩张的方式，将人体功能做大做强，总之，就是要跟自然生成的不一样。

而灵性的超越，比如，人首蛇身，便是人的灵性进入蛇身，与之为一体；而龙，则是多种动物属性，被作为万物之灵的人综合起来，用万物一体的观念来表达。

这两种超越，在中国传统文化里潜移默化，形成了“志怪”系列。

还有一种超越，是人对于自身的超越，我们称之为“神性”超越。

比如“夸父逐日”，便是一则人类直立行走的神话。陶渊明《读〈山海经〉》诗十三首的第九首“夸父诞宏志，乃与日竞走”，根据就在《山海经·大荒北经》所言“夸父不量力，欲追日景，逮之于禺谷”的抱负，还有《山海经·海外北经》称述夸父“渴欲得饮，饮于河渭，河渭不足，北饮大泽。未至，道渴而死，弃其杖，化为邓林”的生命转化传奇。

诗云“诞宏志”，即为“神性”超越，其“志”，便是人的自由意志。

让我们试想一下，那位夸父，从日出追到日落，从东方追到西方，他究竟会有怎样的世界观呢？通常，我们将夸父死后化作的夸父之山及其弃杖所化之“邓林”，仅仅放到华夏文明摇篮地来看，有人看其地在今湖南乃至广西境内，有人根据《山海经》郭璞（注）和《水经注》看其地在今河南灵宝西南，且引陈寅恪之《〈桃花源记〉旁证》，确认“真实之桃花源在北方之弘农，或上洛，而不在南方之武陵”。这样，就为夸父山和“邓林”在华夏文明摇篮地里指定了一个确切的位置，顺便解决了“桃花源”的出处问题。如此看来，《桃花源记》便有了《山海经》的神话背景，是神话地理与历史地理互动的解决方案。如果我们回到神话的背景里来求个神话学的解，而非寻求历史地理的解，那就不一定如此了。

“桃花源”的源头，居然也在《山海经》里，如果我们把它放到以昆仑山为中心的神话世界里来看，就会发现《水经注》所说的范围很小，夸父“饮于河渭”，那“河”就是黄河，“渭”即渭水，“河渭不足”，他跟着落日跑去，一口气，跑出了河渭流域，“北饮大泽”。这就告诉我们，夸父的活动范围，已远远超出了华夏文明摇篮地。

“大泽”在哪里？以日落方位来判断，应该在西北方。《庄子·逍遥游》开篇就说“北冥有鱼，其名为鲲，鲲之大，不知其几千里也”，号称“北冥”，当然就在北方，能养这么大的鱼，应该就是“大泽”了吧！由此看来，夸父北上的那个“大泽”，很可能就是庄子“逍遥游”的起点——“北冥”。“北冥”和“大泽”都属于神话地理，而“河渭”则属于历史地理，《山海经》的时代，已然神话与历史交错，这一点在地理上也反映出来。

《山海经》里，还有一个关于夸父的神话，放在蚩尤战黄帝的背景下，而有“应龙已杀蚩尤，又杀夸父”的说法。这个说法，出现在《山海经·大荒北经》和《山海经·大荒东经》里，台湾学者王孝廉在《中国的神话世界》中，谈到“应龙杀夸父之神话传说”。他认为《山海经》有两个夸父，“逐日道渴而死”的夸父和被应龙杀死的夸父，之所以会出现这样两个不同的夸父，他说是由于“两个不同的神话传说在久远的时代里被混淆了”，这样说来，虽然符合常识，算个合理性解释，但其释读的立场，还是根底于历史，忽略了神话属性。

历史的合理性与神话的合理性不同，“混淆”一说是基于历史的合理性而言的，历史思维的时间与空间不同于神话思维，有始有终是历史思维的基本原则，而神话思维则享有无始无终的特权，因此，我们面对神话传说，切忌用历史思维的有限性去解读，而应回到神话思维的本来面目，用无限性的方式，做无始无终、无穷无尽、无边无际的解读。

从神话到历史，《山海经》的世界，贯穿了三个时代，包含了两个中国。

三个时代，分别是彩陶时代、玉器时代和青铜时代。从彩陶时代到玉器时代，是文化中国从滥觞到形成的时期；从玉器时代到青铜时代，是文化中国向王朝中国的过渡时期。两个夸父的形象，就是在这三个时代的更替中形成的，在对两个中国的追求中，表现了不同的命运。夸父逐日，是在彩陶之路上兴起的对于文化中国的追求；参与蚩尤与黄帝大战的夸父则投入对王朝中国的追求中，在王朝中国兴起的第一场战争中被应龙杀死。

两个夸父的形象，反映了两个中国的存在。虽然同归于死，但在文化中国里，用了神话思维，可以死而复生，可以在万物一体中转化。后世作为文化中国标志的桃花源，据说，就出自夸父化作的那一片“邓林”；在王朝争战中被杀死，用史官文化来看，便是死有余辜，还要口诛笔伐，让他永世不得翻身。在两个中国里，其命运竟然如此不同。

但我们所喜爱的，还是那个逐日的夸父，在神话思维里，他大概不会有那些科学带来的烦恼和现代化的困惑，他大概不太在乎大地是扁的还是圆的，地球能自转为什么还要公转，当然也就更不会去追问究竟是地球中心还是太阳中心这些意识形态问题了。

这些问题，对于神一样的巨人来说，都不值得一提。不过，对于带着原罪期待被拯救的信仰者来说，这却是一个属于神权统治下的启蒙问题，要把天国还给自然。

我国史前神话思维，看来便是个以人为中心的宇宙观，不光万物一体和万物有灵要以人为尺度，人对于自身所做的神性超越，亦表现为神人两重性和神人一体化。

通常，我们都说希腊神话的特点是神人同体同形，并以之为标准，来衡量我国的神话，而曰中国神话意识短缺，乃先天不足，属于历史性早熟，过早地被历史化了。此一说法，亦不尽然，盖因《山海经》展现了一个完整的万物一体和万物有灵的神话世界的样式，举凡山川、物产、灵异、奇瑞、志怪、灾变、传说尽有之，而非纯然关于神的故事。

希腊神话，神人二分，虽说神与人同体同形，却规定了人是神的摹本，人能成神，亦因人是神的儿子，如赫拉克勒斯，便是宙斯的儿子，其神话意识，俨然是以神为中心的宇宙观，不光有神的故事，还有神的谱系。相比之下，我国神话，并未神人两分，而是神人一体，是一体化的神人二重性，是在神人二重性的极端开显中，人性向神性的飞跃。由此，我们来看夸父的二重性，他既是神，也是人，神性和人性自然而然统一于一身。正是这种统一性，蕴含了神话与历史交错的因子，在从神话到历史的进程中，神话人转化为历史人。

陶渊明《读〈山海经〉》中，紧接着“夸父逐日”的，是“精卫填海”和“刑天造反”的故事，陶翁诗曰：“精卫衔微木，将以填沧海。刑天舞干戚，猛志固常在。”

“精卫填海”的故事，就像“愚公移山”一样，至今，仍为人所乐道，不过，不是作为政治神话的样板，而是作为民族精神的标志。可是，太熟悉了，人们反而不以为然，就如同人们常说的“百姓日用而不知”，并不真正懂得它所具有的深远的文化价值。

“精卫填海”一说，始见于《山海经·北山经》，曰炎帝有女，名曰女娃，溺于东海，化为精卫鸟，衔西山木石，来填东海。如果说“夸父逐日”是人类第一次以直立行走的方式进行的地理大发现，以此确立了天人关系的地理坐标，那么“精卫填海”则是人类在大地与海洋的进退中的自我选择和自由意志的表现。海岸线从来就不是固定的，它总是在一定的时间内被自然的和人为的因素能动性地改变——唯有人能使沧海变桑田。

而刑天的故事，则见于《山海经·海外西经》，说他“与帝争神”，“帝”指黄帝，“争神”，也就是发生了争夺神权的战争，结果，刑天被“帝”斩首，“乃以乳为目，以脐为口”，拿起斧子和盾牌，继续战斗。正是在这样的神话里面，埋藏着古代王朝国家起源的叙事。古代国家起源，固然要有相应的地理机会和文明条件，但最直接的动力因，便是战争。王朝中国的古代国家起源，即起源于《山海经》中从神话到历史的那一次炎黄之战。

“刑天”，乃炎帝之属，这样称呼他，是因为在交战中他被黄帝砍头。头之于人体，本居于身之顶端，头顶之谓“天”，加一个“刑”字，也就是砍头了。由此我们可见史官文化的笔法，对于此次交战的性质，仅以用刑视之，连征伐都谈不上，是权力合法性的拥有者对非法者的用刑，把失败者那颗好战的头颅砍了，因其罪恶滔天，故称“刑天”。

而原始神话，显然不这样看，它哪知有什么“刑天”？它既不知合法与非法，也不提正统与非正统，这些都是史官文化所强调的，历史观念中的成王败寇的战争，何等严峻？可在神话中，“与帝争神”的战争，却以顽童换头游戏呈现出来，没有一点阴暗面。

历史观的战争，素以成败论，而神话式战争，则因其在万物一体和万物有灵的背景里发生，故能“大而化之之谓神”，而为神通论。用历史眼光来看，“刑天”失败了；若以神话取向，则因刑天多变化，而显得神通广大。陶诗叹其“猛志”，即有感于他以自由意志的游戏的姿态挑战黄帝。若据神话思维，斩首非神话，变化才是，变化没有得失，只是改变了方式。黄帝没有变化，不像个活泼的神话样子，没个原始的自由款式，却有坐标一样的确定性，可以作为史官文化的标志。从神话到历史，进入历史幽暗处的是黄帝一系。

《山海经》中的精卫

《山海经》中的人面马身神

设计神的形象本身，就是人对自我内在神性的超越性表达，如《山海经》中的诸神。夸父逐日是人直立行走的神话，精卫填海是人与山海共进退使沧海变桑田的神话。“以乳为目，以脐为口”的“刑天”，《山海经·海外西经》作“形天”（即“刑天”），刑天之战则是自由意志不死的神话。古希腊神话里有“马人”，《山海经》里也有人面马身神，表现了一体化的神人二重性。

《山海经》中的刑天

《山海经》中的夸父

09

人体化的龙

——真龙天子的《山海经》原型

最初的龙，出现在《山海经》里，大都跟人体有关。

那是以人为本的龙，其中有“人身而龙首”“出入必有飘风暴雨”的神计蒙，有“龙首人颊，鼓其腹则雷”的雷神，还有“人面蛇身”“是烛九阴”的烛龙。

这种人为原型的龙，后世已不见了，龙的传人把龙传丢了。

上古时代，有过那么一个时期，是人与动物关系的亲密期，人类通过动物来认识自己，且以动物属性为自己命名，这在古文明里具有普遍性。在欧洲，古希腊人，有的就以熊、蚁、蛇为名，而古罗马军旗上所绘狼、马、野猪、鹰、牛，即为当时五氏族之名，不列颠也有人以野猪、乌鸦、熊来命名氏族和姓氏，就连格林童话中的帝王，也多以马为名。而中国古姓字，究其原始，往往出自动物象形，如作为女性始祖的姓氏的姒、妫、姜等，或为蛇身自环，或为手牵象鼻，或为女挂羊头，这是在姓氏中留下的动物性的标志，徐一青、张鹤仙著《姓名趣谈》，提供了许多动物姓氏化的例子，世界各地的都有。

这还是单一姓氏对动物个别性的认同，若要匹配相应的国家认同，对象就不应该是个别性的动物，而必须是能将多种动物综合起来的统一体，于是，体制化的龙应运而生。《山海经》里最有名的龙，是应龙，这是一条与国家起源有关的龙。它什么样子，《山海经》里没有说，后来，大家都说它是长了两只翅膀的翼龙，接着便将鸟头给装上去了，变成了鸟龙。把应龙说成鸟龙，大概是因为《山海经·大荒东经》里说的一句话，说应龙杀蚩尤与夸父“不得复上”，“复上”就是回到天上。这说明应龙本是天上飞龙，飞必有翼，翼则为鸟。当然，这些都是后人推测，《山海经》未这么说，但它或许早就开始体制化了。

这是第一条从图腾世界进入历史范畴的龙，尽管是带着神话思维的尾巴并且是以传说的方式进入的，但它在传说中，不仅是一条“打天下”的龙，曾帮助黄帝打败了蚩尤，还是一条“平天下”的龙，又帮助大禹平治水土，定九州而立中国，这样的龙，怎么看也像是一条神话与历史交错的体制龙。就龙的结构－功能而言，《山海经》里的龙，有个明显的特点，那就是龙的人本结构，与后世的图腾集合的动物共同体的龙有所不同，它体现了人为万物之灵和人是万物尺度的人本思想，还没有形成关于龙的大一统。我们试想一下，那人体之龙，岂非就像人一样能直立行走？在大一统的追求中，我们几时见过会直立行走的龙呢？还有人首之龙，从龙体长出人头，龙岂不就像人一样会产生自由之思想？

在谈到龙的作用时，《山海经》主要强调了龙能行雨。上述那些龙，计蒙是雨师，雷神能催雨，烛龙和应龙也都是能呼风唤雨的神，尤其是应龙，它待在哪里，哪里就多雨，《山海经·大荒北经》说，应龙杀了蚩尤和夸父后，便去了南方，所以，南方多雨。看来，大暖期过后，出现过干旱炎热的时期，后羿射日，便反映了这个时期的状况。

我们读《山海经》，所见多怪物和荒丘，难得一见绿水青山，很少看到郁郁葱葱，这样的地貌，可能也是因为那个时期干旱、炎热。为了求雨，而产生了对龙的需求，《山海经》里还有许多有名的乘龙者，他们那时乘龙，便承担了求雨的使命。据说，求雨也是应龙最为灵验，以至于无须它出场，只要将它的像摆放出来，天空就会降雨。

《山海经》里的龙，是人的主体性的反映，后来，这种主体性从龙身上消失了，究其原因，便是神话龙被体制化了，人的主体性被对象化到体制中去了，产生了体制化的代表——真龙天子，他的一切，从国家的制度安排到日用起居，都与龙有关，穿龙袍，坐龙椅，睡龙床，乘龙车，龙成了国家体制化的象征，就连江山，也以“龙脉”视之，而朝廷，则被称作“龙庭”。晚清国家意识觉醒，要有一面国旗来做国家的标志，垂死的大清朝连想都没想就用龙做了国旗，可是不久“会死的龙”就同真龙天子一起死了。

政治龙死了，可文化龙还在，真龙天子死了，“龙的传人”还在。

“龙庭”崩塌后，龙脉安然，“龙的传人”，依然举着应龙祈雨，来求个风调雨顺。如今，这样的活动，远离了《山海经》那个万物有灵的世界，只具有象征的意义，表现为集体无意识，已不可能向着神话龙回归，因为，体制龙死了，并不意味着神话龙复活。神话龙和体制龙的区别在于，神话龙有人，体制龙无人。神话龙有人，乃是基于人为万物之灵的人的主体性，而体制龙无人，则要从“绝地天通”以来的体制化的状况追问原因。

10

会死的上帝

——绝地天通是为国家起源设立门户

《山海经》里有好几座可以通天的山，作为“天柱”或“天枢”。

昆仑山、不周山等，便是个上天的去处，后来它们都被管理起来了。

管理的目的，就是要“绝地天通”，不是谁都能登天了。与之有关的山，有一座，便出现在《山海经·大荒西经》中，“有山名曰日月山”，本为“天枢”，主峰“吴姖”，则为天门，日月之行，无往不复，就从“天门”出入，人若上得山去，就能由此登天。山头上，有个神，那神也是长着人脸，而头颅似乎就是山峰，虽然有个人的模样，却没有臂膀，两脚反转连到头顶上，像个倒立的样子，不是以手撑地的倒立，而是用头顶来立地的那种倒立。

这模样，使人想起黑格尔老人说过的一句话：那是个用头立地的世界。那情形，不光出现在18世纪的理性世界，还滥觞于遥远的神话世界，甚至于在东方的世界。

那神的名字，叫作“嘘”。看似以嘴唇的一个动作来命名。将张开的嘴巴收拢，收成圆口，将嘴里的气吐出来，就是“嘘”了。“嘘”是发声，万物皆然。就其大者言之，天地一嘘，山川一嘘，风云一嘘；就其小者言之，狼嚎虎啸，鸟鸣虫唧，皆为一嘘。“嘘”和“说”不同，“说”是语言，唯人能“说”，人一“说”，就不但使人与万物分别，还要将人与人分开，语言不同，“说”出的文明样式也就不一样。与“嘘”相对应，还有一个“噎”。“噎”的运气方式，不是往外吐，而是往里吸。“噎”的样子，没人描述过，但其为人，则有来历，出自黄帝一脉。黄帝之后，子孙分了两支发展，一支帝喾，一支颛顼。“噎”属于颛顼一支。关于“噎”的来历，《山海经·大荒西经》这样说道：颛顼生老童，老童生了重和黎，黎生了“噎”。重和黎这两兄弟，一个向上托举天，一个向下按着地，把天地分开，然后就有了分工，重管天，黎管地，黎下地以后就生了“噎”，住在最西边，安排日月星辰的运行。

“嘘”的来历，不像“噎”那样清楚，其与“噎”配对，或可视为重的后人。此二人相对，恰似“哼”“哈”二门神，不过，“哼”“哈”的神通，出自两个器官，“哼”出于鼻孔，“哈”出于口腔，功能同“嘘”和“噎”不太一样，格局也相差得很远。“哼”“哈”只能看守门户，而“嘘”和“噎”则“嘘”天“噎”地，管着日月星辰出入的天门和地门。可他们之间，已经有了新的变化，“嘘”看来还属于神话世界，有人形，无人的身份，而“噎”则开始了从神话向历史转型，作为黄帝子孙，他有了血缘身份和历史属性。

反映在历史上，“绝地天通”所针对的，已非自然现象，而是人类世界，其由来，当然还是那位蚩尤。在《尚书·吕刑》中，周穆王对吕侯说：上古本来无刑，因蚩尤作乱的影响，故“制以刑”，于是，就有了以五刑为法，本欲以刑去刑，使民归于无刑，结果反而导致滥用刑法，人人都想置人于死地，都自以为能通神，都跑到上帝那里去上访。

那时的“上帝”，已非神话传说中的颛顼，而是历史传说中的帝舜。

就是那位帝舜，“乃命重黎，绝地天通，罔有降格”，让“重”和“黎”把天地管起来。然，此“重黎”，非彼“重黎”，孔颖达疏曰：此重名羲，此黎名和，羲是重的子孙，和是黎的子孙，他们都继承了祖业，故仍以“重黎”称呼他们。不过，这回“绝地天通”整顿的不是自然状态的天人之际，并非要显示人要改天换地重整河山的主体性和能动性，而是“天生民而立之君”，要确立一种新型的体制化的天人关系和君民关系。

体制化导向民以君为天，体制化和人格化的天就是上帝，或称皇帝，从《尚书·吕刑》中，我们看到，舜被称为上帝，还有两次被称为皇帝，可“绝地天通”前，就没有上帝的观念，上帝参天地，化万物，但他不是造物主，不是主宰宇宙的一元神，他首先是个人，最终，他也是个“会死的上帝”，此非来自宗教信仰，乃神话与历史交错的产物。

历史化的上帝不同于宗教化的上帝，它是一定历史阶段的产物，是历史性的存在。当神话因素还在影响历史进程，君权神授的神性光环还在为君主发出正当性的光芒，那么以帝祖合一方式存在的上帝就依然为君主的权力提供正当性来源，而当神话因素在历史进程中逐渐退去，皇帝就取代上帝以历史化的面貌出现了，皇管天，帝管地，正是以刑法为标志的“绝地天通”为皇帝的权力合法性建立了根据。皇帝不同于“重黎”，它将“重黎”原来分而治之的职能合二为一，它在前台两手抓，就无须背后还得有个上帝，这也就是王夫之在《读通鉴论·平帝》里说的“古之圣人，绝地天通以立经世之大法”的意思。

有关“绝地天通”的记载，还有《国语·楚语下》。与《尚书·吕刑》不同，它不是从刑法的角度，而是从民神关系的角度来看“绝地天通”，看到的起因，虽然也是“九黎乱德”，同样是作乱，却非滥用五刑，而是人人都自以为神，家家都有一套巫史班子，天天都搞祭祀活动，搞得“民匮于祀”，民生凋敝，经济上难以为继，这还不够，还要“民神同位”“民神杂糅”，搞得人不像人，神不像神，人神不分。这样的混乱状况，其实就是《山海经》里的模样，用礼制文明的观点来看，那便是个需要整顿的怪力乱神的世界，“绝地天通”于此，就是将民神关系纳入礼制规范，终结《山海经》里混乱的状态。

若问《山海经》里的“人龙”何在？或曰，那“人”被“绝地天通”给“绝”了，人皆自以为神的自然存在被体制化的神性管控了，国家体制龙取代神话传说龙，帝王龙取代人本龙，体制化的“龙的传人”不再属于众人，而是有了一个唯一的代表，他自称“寡人”和“余一人”，把自己当作龙体，穿龙袍，坐龙庭，传龙脉。大家都称他为“真龙天子”，把他的子孙叫作“龙子龙孙”。这一家子“龙行天下”，便成就了个“家天下”。

神话龙死了，死于体制化和历史化，这是从神话向历史转化，是从自然形态的山海向文明样式的国家转化，是自然的神话龙向权威化的体制龙转化，正是在这一转化过程中，“上帝”出现了，成了体制化和历史化的开创者，但此“上帝”，在历史的进程中，一个一个地接力，显然不具有宗教意义上的永恒的属性，就如同霍布斯在《利维坦》里说的“会死的上帝”，是个历史性的存在，所以，尧舜之后，随着改朝换代和家天下的出现，“上帝”也死了，后世之人，已不再称尧舜为“上帝”，而是改称“先王”了。皇帝虽然取代“上帝”，成为历史进程的代表，但因其一朝一代的局限性，使其不可能成为“上帝”。

11

昆仑的外延

—— 表达中华文明统一性的山系

在希伯来文明的摇篮地里，人类建造通天塔的努力失败了。

在另一端，亦即所谓“东方”，则有一个对应的昆仑山的故事。

当西方还在造通天塔时，昆仑山上，神人之际，就已有了来往。

希腊神话里也有一座神山，叫作“奥林匹亚山”，据说，那山就位于希腊北部，众神就在那里起居。说得那么具体，就偏离了神话的本质，而向历史转移。

海上民族再怎么没见过山，也不至于把一座海拔不高、方圆不大、眼见为实的丘陵，当作他们的神山吧？作为神山，那就得“高大上”，是个能登天的地方。

神山，不会那么现实，让你迈开脚步，跋涉一番，就能轻易到达，它应该再虚无一些，更缥缈一点，最起码，那山头，作为众神的所在，还得再高耸一下。

我们可以肯定地说，是人都能登的山，绝非所谓“神山”。神山的首要标志就是高，要有多高？要高到与日月星辰为伍，天神在此，能挟雷携电，主宰天空。

很显然，希腊境内那山，即使曾被奉为神山，也难符合神的标准。

神山还有一个特征，那就是要有不确定性。神话和历史有所不同，历史要求时间和地点都应确定，而神话思维则基于永恒和无限。故神话之时间和地点，都不需要太确定，只要知道有座神山就行，至于缘起于何时，坐落于何地，则不必拘泥。

有一点，我们应该牢记：神话就是神话，不要当作历史。昆仑就不那么确定，从战国时代起，它就成了疑问，连屈原都以历史的方式向神话发出“天问”：“昆仑悬圃，其尻安在？”昆仑有个“悬圃”——空中花园，它是东方伊甸园，坐落在什么地方？

它有点像孔子说老子，鱼我知其能游，鸟我知其能飞，兽我知其能跑，唯有龙变幻莫测，谁也不知道。他这样一说，就开了个神化老子的话头，老子因此而变得模糊起来，等到司马迁来为老子写传时，一篇列传里，就在三个地方出现了三个不同的老子。

在号称“黄老之治”的汉家天下，竟然难以确认老子其人，这不是笑话，而是神话，老子其人，被神话化了。三个老子，在不同地域和不同时期出现，搁在神话思维里，这不足为奇，但在历史思维里，却有关真伪，是个必须要解决的问题。汉以后，出现了一个道教化的老子——“太上老君”，这便是个史官文化的神人二重性的解决方案。

昆仑亦似“老子犹龙”，其变化，亦当以龙脉视之。在神化中，“老子一气化三清”，昆仑亦“化”出万水千山，既为天下河源，又为万山之祖。以昆仑名山，遍及天南地北，似龙生九子，一脉相承，其连山效应亦如今之连锁品牌，故张骞至西域，溯河源，在于阗南山，又发现昆仑，汉武帝即信之。而司马迁不以为然，他顺着治水的历史线索寻找河源，结果，从《尚书·禹贡》里找到了“积石”山，因为大禹治水就从这里开始。

历史化的优点，在于确定性，用来考察神话，便有缺陷，那就是历史的确定性难以对神话的不确定性进行确认。如果像对历史一样对待神话，拿一个时间来，拿一个地点来，神话就会无语，也无趣，而司马迁就是这样说《山海经》的。他这样说时，自有其意义，他以历史化为标准，安排了黄帝世系，确立了王朝史观的根底。我们做汉人，还自称为“炎黄子孙”，应该说，就从太史公开始。司马迁把昆仑从《山海经》他称作“禹本纪”的世界里提取出来，放在《尚书·禹贡》的九州岛框架，也就是华夏文明的摇篮地里，尽其所能，为我们提供了一个基于史官文化的确切回答。但他对于越来越广为流传的昆仑摇篮地神话和传说却不再过问了，作为史官，他不仅失去了屈原那样追根究底的好奇心，连置喙一下的兴趣都没有。可《山海经》世界，并不因他承认与否而存在，它不在史官文化里存在，就转入帝王潜意识里存在，不在官方意识形态里存在，就在民间集体无意识里存在。

本来，司马迁以大禹治水为线索，完成了昆仑从神话向历史的转变，使之从神山变为史地。他相信，跟历史活动有关的昆仑山，只有一处，那就是《尚书·禹贡》里的积石山，可张骞通西域，自称重新发现河源，这就导致了历史观的逆转，迎合了武帝游仙。汉人的世界观里，本就有个《山海经》世界，自孔子“不语怪力乱神”以及太史公继《春秋》作《史记》以来，《山海经》的神话系统，就被黄帝世系的历史观取代了。当“独尊儒术”的史官文化成为主流，《山海经》世界便转入地下，远离儒术意识形态，在汉代墓室里的画像砖上呈现出来。汉墓里，神话与历史交错的汉画故事，是我们打开史前门窗的一个去处。

汉画故事里的史前人物，多有神话和历史的两重性，不仅黄帝具有历史化和神仙化的两面，蚩尤也有，羿尤其有。从羿身上，我们可以看到古希腊传说的两个影子叠在一起，一个是走向神却通往奴役之路的赫拉克勒斯的影子，还有一个就是走向王权却死于“女子与小人”的阿伽门农的影子。此二者，分属于神话和史诗时期，而羿则皆有之。羿由英雄走向王权，其命非王朝之人，故须死于非命；羿通往神权，身非不死之人，故求永生之身。然其神人二重性，均毁于“女子小人”。历史羿和神话羿，交错了神话与历史的景致。

神话传说中，羿往昆仑山，寻求不死药，以期能永生。他如愿了，从西王母那儿，他领到了不死药，这意味着，他像赫拉克勒斯一样，终于就要修成神的正果。

但不幸的是，他的不死药，竟然被他的情人嫦娥偷吃了。作为历史人物，他必死无疑，一如赫拉克勒斯之死，但在神话中，他却没能像赫拉克勒斯那样复活。东西方英雄时代两个代表人物，一个死后复活为神，另一个却因丢失了不死药而功亏一篑。

羿从昆仑摇篮地向华夏摇篮地过渡，这使他具有了神人二重性，既追求王权，又向往神权。尽管他在这两方面都失败了，但他还是作为从神话到历史的一个浪漫范例而具有典型意义。寻绎上古文化脉络，可以“神圣”二字概言之，周、秦以降为“圣化”，前此三代乃“神化”。三代以来，兴起史官文化，虽趋于圣化，却缘于神化，而神化之渊薮，则莫若神话。故三代述史，多言神话，而有神人二重身份，于历史和神话中交替出现。

秦皇、汉武亦有神话性，非史官文化所能框住，从他们身上，我们还能看到龙山文化神话与历史交错的文明基因。其游仙和用兵，或向西，欲“连山”通神而登天，或往东，要“连水”化仙以入海。以修长城为例，秦始皇帝自西而东，一筑万里，直到渤海边；汉武帝由东而西，经河西走廊，将长城延伸到他指定的昆仑山下，用长城把昆仑山坐实了。他们各以其神人二重性的运思和运作，用中国式的天下观将昆仑摇篮地原型开发出来。

狭义昆仑，今指藏北、青南高原与塔里木、柴达木盆地之间的山脉。还有广义一说，1930年出版的《中国古今地名大辞典》说，昆仑西起帕米尔高原，东至海滨，长七千余里，为我国最长之山，包括横断山、南岭、秦岭、阴山、祁连山、唐古拉山、兴安岭及日本、台湾地区等地山岭。如此广泛的昆仑山，已经越出了地理概念的界线，成了文化概念，一如希伯来摇篮地里的巴别塔产生了不断分化的民族和国家，昆仑摇篮地里则形成了大一统的天下，所谓“昆仑”，就是天下观在中华山系上的反映，是用山系来建构中华大一统。而“中国”，则在华夏摇篮地——两河流域中游的“中原”里诞生，是以水系规划国土经营国家——治水所形成的九州岛方舆中心，是统一性的国家观念坐实于中华水系产生的国体。

从神州到九州岛，从昆仑山到中国，在文化形态上，表现了从无限性的神话向有限性的历史的进展，从辐射式的神话空间——遍地开花的文化的江山，向聚焦式的历史地理——文化中国收敛的进程。于是，以昆仑为标志的神州，也就是那个光怪陆离的《山海经》世界，便成了文化中国的一个神话背景，成了九州岛王土方舆背后的神界大九州岛。

所以，中国历史上，总有那么几位出神入化的帝王，如秦皇、汉武等，不满足于历史时期形成的家国天下格局，而从历史的长河向神话的山海倒流，揣摩大九州。

那位求不死药和万世一系的秦始皇帝，看来似羿，在神、人两方面，折腾来折腾去，像羿一样，也是个失败者。其不世之功业，若秦之兼并六国者，则似羿射日也，羿以“天无二日”为标志的天界神话统一性，也被秦始皇以君主专制的“民无二主”的历史统一性取代了。至于求药未得，游仙而死，秦随之二世而亡，如此这般忽起忽落亦似羿。

不过，羿求不死药于昆仑西王母，而秦皇则被方士牵着鼻子求药于东海仙岛蓬莱，从昆仑到蓬莱，看似相距万里，行则背道而驰，实则一以贯之。何以言？尺度而已。

神话是神的尺度，历史是人的尺度，以神的尺度来衡量，虽可谓“差之毫厘”，用人的尺度来把握，却难免要“相去千里”。“广义昆仑”一说，保留了神话思维特色，蓬莱仙岛显然也是“广义昆仑”之一隅。在“广义昆仑”里，昆仑山与其说是个地理概念，毋宁说是个文化概念，是一种文化标志——“万山之祖，天下河源”，这样的规定，并非来自测量，而是基于认同：大地上，总有那么个文明的源头。与历史活动有关的源头，属于人的认识论和实践论的范畴，其结果，当然会随着人的认识与实践范围的变化而变化，因而不能成为终极的源头，只有在终极的源头，我们才能看见与创世有关的文明的本体——神。

因此，终极的源头，只在神话传说里有。它可以作为想象力的源泉进入人类的历史活动，却不能被人以历史的方式进行实录和实测；它可以引爆一个民族的精神，却不宜于确立一国的政体。因了历史与神话交错，神人二重性之文明，如缕不绝，迄今犹存。

《山海经·海内西经》
昆仑山上的开明兽

昆仑山，古人又称昆仑丘或昆仑虚，是中国神话里的神山，为万山之祖。据《山海经·海内西经》记载，“昆仑之虚，方八百里，高万仞。上有木禾，长五寻，大五围。面有九井，以玉为栏。面有九门，门有开明兽镇之。”昆仑山是黄帝的帝都，若仙境，为百神居所，有一道门，正对着东方，叫开明门，由开明兽看守。开明兽人虎同体，人面虎爪，有九颗人头，日夜守卫在昆仑山上。历代史家都在努力确认昆仑山的地理位置，顾颉刚将昆仑山分为先秦典籍记载神话中的昆仑丘，以及汉以后地理上认证的昆仑山。先秦文献如《山海经》等神话传说中的天柱昆仑山，指位于山西阳城的析城山，即《尚书·禹贡》所划九州的古冀州之南，因山体呈碗状又称宛丘，其山主体如一根柱子通向天空，又称天柱，对应北斗星，又称璇玑玉衡，并因盛产玉石，又称玉京山。而汉以后地理上认证的昆仑山，指青海一带的于阗山（昆仑山脉）。事实上，昆仑山是中国人观念世界里的神山，把它放在文化的江山里来解读，则可以给它一个更为准确的定位。作为中华文明源头的昆仑山，神话世界已经给出了答案，创始中华文明的伏羲便始于昆仑丘而王天下。

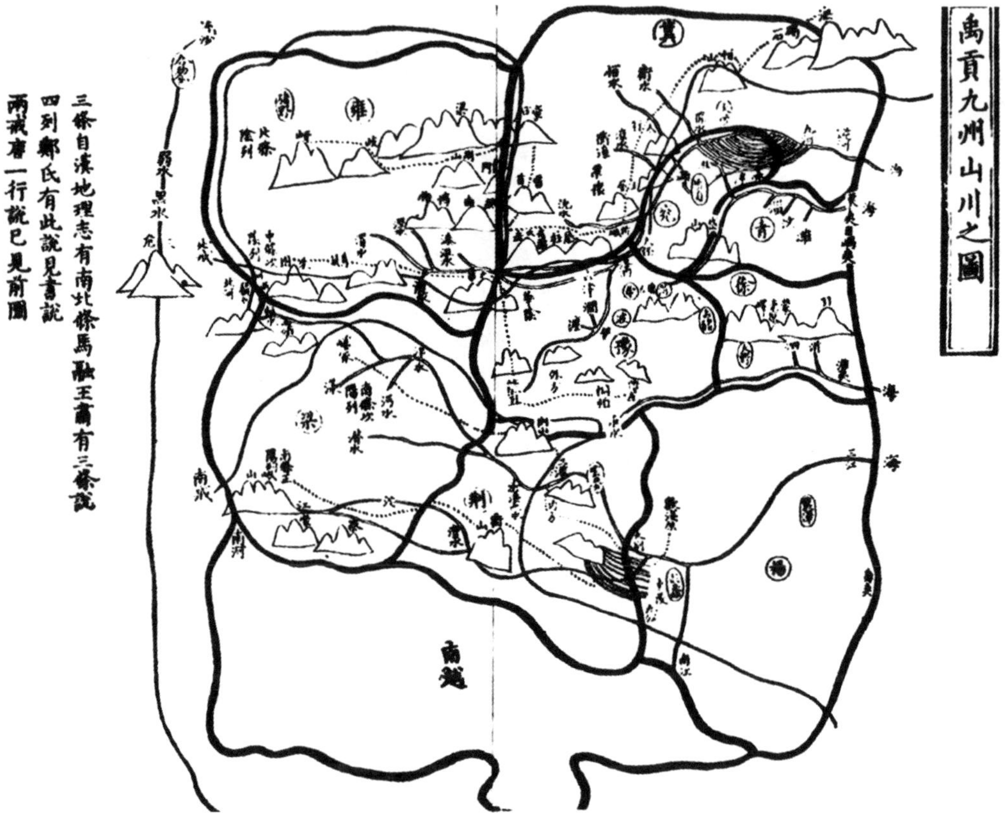

《禹贡》九州山川图

《禹贡》是《尚书》中的一篇，是一部政治地理书，将天下分为九州，即冀、兖、青、徐、扬、荆、豫、梁、雍九州，以山川地脉物产等为各州经纬，被看作治理天下最理想的政治区划。其经略之地，或曰禹迹，“茫茫禹迹，画为九州”，九州之地，不出黄河、长江之两河流域，不离华夏根本摇篮地。《禹贡》是国家起源时的国土规划纲领。

12

昆仑出海口

——《山海经》里那只连山的瓯

有了“精卫填海”的故事，我们就发现海岸线是不确定的。

有一种学说这样说，连大陆都会漂移，怎能指望海岸线会不变？

中国海陆之间的那一条分界线，总是在蜿蜒，海岸长而弯曲，是一条美的曲线，约有1.8万公里长，有多少海湾、岛屿，像明珠一样，串联在这条曲线上？

大陆向海洋进退，由地质水文运动带来山与海的博弈，在《山海经》里，作为“精卫填海”的故事。人类理论思维和神话思维原来有着共同点，可以相互参照。神话思维用变化的眼光看世界，将外在的变化都还原于人的存在。因为人是万物之灵，人是万物尺度，用人体的变化来衡量世上一切，把自身当作世界的原因，正是神话思维的特征。

河水与海水的进退消涨，每日每时都在改变这条曲线。改变，通常都不起眼，可滴水穿石，年长自变，要千年等一回，到头来看，才会发现，沧海已变了桑田。这样的变化，是河流带来的。当然，还有海，海水要报复，也会卷土重来——这就是海侵。

《山海经》曰“瓯居海中”“闽在海中”，可见当时海岸线不断后退。

本来，日本列岛、台湾岛、海南岛都与东亚大陆相连，海岸线从台湾岛以东，通过钓鱼岛，向韩国的济州岛延展。可冰期结束后，全新世大暖期到来，海水高涨，东亚东部及南部海盆被海水充盈，形成了黄海、渤海、东海和南海，台湾、海南和日本被海水包围，变成了海岛。而我国今日东部滨海平原及三角洲地带，那时都是汪洋一片，潜伏于大海，渤海湾的海岸线已深入太行山脚下，现在的西湖则是杭州湾海水退出后留下的一部分。那是一次全球性海侵，在世界各地都留下有关洪水传说，“瓯居海中”也由海侵造成。

中国东南沿海一带，今之瓯海平原，即由瓯江、飞云江、鳌江三江汇流所带泥沙与海水互动形成，被东北—西南走向的南、北雁荡山往海滨伸出的支脉大罗山、半天山，分割成瓯江、飞云江、鳌江三个河口平原。可远古时代，无此平原，五千多年以前，三江口似杭州湾，属于溺谷形海湾，海侵至青田、平阳一带，哪有什么瓯海平原。只见一片汪洋，大罗山为海中孤岛，即《山海经》所谓“瓯居海中”，那时瓯人都分布在附近的山上。“居”与“在”不同，已然为一文明的样式——人是瓯人，江是瓯江，海是瓯海……“瓯”之为物，或云盆，或曰杯，皆从“瓦”，其形似，不仅似海岸线上的出海口，还似文明的窑口。

瓯者，窑也，窑似穹庐，乃人造宇宙，基于人择原理，主宰者，瓯人也。

人之于石器，乃力学意义上的加工者；人之于陶器，为化学意义上的造物者。窑如文明子宫，瓯人开窑，人在窑前“参天地”——如天神主宰苍穹般主持着自己的窑。人在窑里化万物——陶冶水火土以造物，那造物的原理，当然也可以用来解释宇宙的形成。瓯人以新的生产方式造物，造就了新世界，神话中的神，即以造物者为原型加以提升，神话对神的本质的规定性同样适用于那时的瓯人，瓯人在造物的同时还造神——我就是神！

瓯人造物，从石器时代的加工者，转化为陶器时代的造物者，从直接利用自然物，转向以自然物为原材料，创造自然界里原来没有的新事物。他们以新事物——“瓯”为自己命名，自称为“瓯人”，把他们拥有的那条江，叫作“瓯江”，把瓯江流域，叫作“瓯地”——那里的地形、地貌、地势，山海之间，那山环水绕的出海口，也像一只“瓯”。

与“瓯”有关的陶器制作，早在五千多年前，就在楠溪江流域出现了。

在永嘉县渠口村一带，我们今天还能看到一些散落的红与黑的陶片，虽然破碎，但足以证明，瓯人确有过那么一个陶器时代。不光渠口，还有石门山、茶寮岭等地，史前文明的遗址里，也都可见陶片。那时，瓯地被海侵，瓯人或留原地——“瓯居海中”，或上山去，沿瓯江上溯，往那源头处——仙霞岭去了。瓯江的源头，在仙霞岭南麓，位于今庆元、龙泉两县交界处的百山祖锅帽尖。1997 年春夏之交，在今遂昌县好川村西发现了古瓯人在好川村岭头岗留下的一片墓地，据考古测定，该墓地，距今约四千三百年至三千七百年，晚于楠溪江流域史前遗址千余年。

2002 年秋，瓯江下游，在戍浦江与瓯江交汇处，今温州鹿城区，有个上戍乡渡头村，村里有一座山紧挨戍浦江，海拔仅 50 米，由几个低矮的小山包组成，因其形状俯瞰似鼠，而被人称为“老鼠山”，考古人员在此地，又发掘了一处史前文化遗址，被命名为“老鼠山墓地”，以其与“好川文化”相似，而被视为“好川文化”下山的一支。

然而，最有可能的是，瓯人先从括苍山中下来，沿着楠溪江顺流而下，来到瓯海之间，后来，为了躲避海侵，又回到山里去。以老鼠山墓地为例，山脚下的陶片，还是约五千年前的，而半山腰和山顶上出土的陶器，距今约四千年至三千年。这就说明，瓯人制陶，是先在山脚下开窑，而后，被海侵赶着，逐步往山顶上迁徙，海侵退去后，又下山来。

去来之间，已历千年，一去，而有“好川文化”；再来，便留下“老鼠山墓地”。此一去来，便成了楠溪入瓯江，山海伸缩变迁以及瓯人迁徙往来之大势的缩影。

老鼠山墓地，为孤丘型遗址，以山顶岗地为中心，于山腰、山坡分出等级。好川墓地亦如此，差别在于，两地萌芽了似乎带有政权目标的制度安排，从好川到老鼠山，以瓯江流域为纽带，连成了一个“连山”政权——“瓯”，其中心及制高点位于好川。今之温州永嘉新石器遗址，或为瓯地古国起源的标志。瓯人开窑成“瓯”，沿瓯江流域分布，从山头走向出海口。瓯地之于《山海经》中，虽然难以确指，然其大概，或约略可知。

《山海经·海内南经》提到“瓯居海中”，同时，还提到“闽在海中”，将瓯、闽并提，与两地相连的地势一致。其中，还提到“三天子鄣山”，就在瓯、闽的西北方，而《山海经·海内东经》又说“浙江出三天子都”。这“三天子都”，也就是“三天子鄣山”，还说这山，就在瓯、闽的西北方向。可确切之地，究竟在哪里？郭璞注《山海经》，说是新安江边歙县东之三王山，郦道元《水经注》说是庐山，《大清一统志》说是徽西北之黟山支脉率山。说法不一，但都有那么点儿“襟三江而带五湖，控荆蛮而引瓯越”的意思，还特别提到了“会稽山在大楚南”，这就表明了“三天子鄣山”与“会稽山”的“连山”关系。

一个“大”字，道出了两山的主次。这样的“连山”背景，鲜有人知。

吴承志《山海经地理今释》卷六就说“楚当作越”，袁珂《山海经校译》也将“大楚”改称“大越”。他们认为，会稽山在越地，所以，理所当然，就应改“楚”为“越”。可这样一改，就改掉了楚、越之间的“连山”关系。在南山系列的“连山”里，“三天子都”高于会稽山，而瓯地诸山则被辖于会稽，它们之间的地位，反映了以山头为单位的联盟关系，而非以城市为单位的行政关系。它们既相连又独立，每一个山头都是自主的。

会稽山，位于《山海经·南山经·南次二经》的“柜山山系”。以此为坐标，似可认定，瓯地诸山，在《南山经》中，也处于《南次二经》的“柜山山系”，以至于到了宋徽宗政和年间，朝廷还诏以“石柜山在永嘉县西北，乃黄帝缄玉板篆册之地”，就留有那时的痕迹。不过，“瓯”在《山海经·山经》里从未出现，只在《山海经·海经》里出现了，可见瓯的地位，不在山头，而在出海口。可瓯人还是要上山，还得在山里制“瓯”。好在瓯地还有出海口，山海吞吐，那海湾又变成一只更大的“瓯”。约四千年前，瓯人就已驾舟出海，瓯海间，江心屿的出现，可以说是出海口的标志，标志着海侵退去山河胜利。此屿不孤，原是山的遗产，故其身后有山，山连山，山脉通，山根连，使得谢灵运到此，就要“想象昆山姿”了。

陶鼎，浙江遂昌好川遗址出土，好川文化

农耕文明与山系或连山文化有关，它也有出海口，一部《山海经》，表达了山海文化的追求。神话中的昆仑山出海口，就在闽浙沿海。《山海经·海内南经》记载，“海内东南陬以西者，瓯居海中，闽在海中，其西北有山，一曰闽中，山在海中”。“瓯”地，今为浙江温州楠溪江流域，其西北有山，位于温州鹿城区渡头村老鼠山，考古发掘出约五千年前的新石器时代晚期遗址。山顶是聚落的中心，山腰、山坡也均有遗存分布，随葬品以陶器为主，有釜、鼎、甑、罐、豆、壶等大量陶器，还发现一件象征权力地位的镶嵌玉片的柄形器，还有大量石锛等，属于“好川文化类型”。

玉钺，浙江遂昌好川遗址出土，好川文化

三孔石斧，浙江遂昌好川遗址出土，好川文化

“好川文化”距今约四千年，从老鼠山再往北溯至瓯江源头仙霞岭南麓附近的遂昌县二仁乡好川村，便是好川墓地。老鼠山墓地则在瓯江下游或浦江和瓯江交汇处。可见瓯江流域是“好川文化”的主要分布区，是继河姆渡、马家浜、良渚文化后，另一支新石器时代晚期文化，它位于大海湾处，印证了《山海经》的记述。

13

刳木大航海

—— 史前航海人的一个文明标志

瓯人从哪里来？“瓯居海中”，行不离舟，故当以舟言之。

远古交通，水有舟，陆有车，但舟比车要早。这与人类走出冰期，冰河解冻，洪水泛滥有关，也与海侵深入山岙，故多海湾，因而利于舟行有关，更与江河湖海的地理属性有关。舟宜于交通，《易》言之曰：“舟楫之利，以济不通，致远以利天下。”

然，舟之缘起，或曰“古者观落叶因以为舟”，古人“见窾木浮而知为舟”，此乃学者以“格物致知”言之。或谓其发明者，则有“燧人氏以匏济水，伏羲氏始乘桴”，“匏”，即葫芦，“以匏济水”，乃以葫芦为浮具，将多个葫芦，用绳子系在腰上，以增浮力，即为腰舟；“桴”就是筏，“乘桴济河”，“并木以渡”，就是束木成筏，乘筏渡河。

若谓“筏”乃古越先民所创，那么“伏羲氏”当为古越先民之祖耶？晚明时，有古越后人，名曰“黄宗羲”，“宗羲”即此意也。然，羲皇上人，亦具神人二重性，故其存在，非一时一地所能囿，不独为古越先民之祖，实为整个华夏先民之祖。若仅以乘舟言之，不妨古越优先，若以其他，如画八卦等，则滥觞于华夏摇篮地，当以中原优先。

筏，是舟船发明以前出现的第一种水上运载工具，而舟之最原始者，为独木舟，在我国，始见于浙江萧山跨湖桥文化遗址，经考古确认，此舟，距今约八千年。

制作独木舟，用火焦法，先将整棵马尾松从中间剖开——“刳木为舟”，再确定烧烤位置和次序，其余部分，以湿泥护住，然后用火烧，待木烧得呈焦炭状后，便从外向内，逐层锛刳，终以砺石打磨，其枝杈部分，可制船桨，这也就是“剡木为楫”。

人之航行，初以筏，继以舟，舟之初，先以独木，后以木板构造。独木舟优点在于舟身独立，不易解体，但须辅以边架艇，方能远行。故当置边架于舟侧，以绳捆浮木，造边架艇，以增加其浮力和稳定性。浮木圆、扁不一，长度为舟体一半，与舟体连接，有船舷穿洞嵌入式、船舷穿孔绳索捆扎式、船舱内横杆绳索捆扎式、舷上平台结构式等。

跨湖桥遗址显示，独木舟出土时，未呈遗弃或沉没状，由桩木、枕木、垫石组成桩架结构支放，位于干涸的湖岸边，呈西南—东北向。舟体光滑，未见有斧凿锛刳的痕迹，虽然留下火焦面，但手感平滑程度表明，这是一只曾经沧海的老舟，是《山海经》世界里的常客。施工现场有剖木，还有锛、砺等石器，这些似乎都在告诉我们：此舟，正在维修。修缮中的独木舟，即为“独木舟＋边架艇”，舟旁木料，长短正好做边架艇用，舟体维修部分，恰好在侧舷处。也许旧边架艇坏了，要更新，或为老式独木舟，要加装新边架。边架艇，增加了独木舟的稳定性，若要航海，还有个动力问题要解决，光靠人力不行，还要有风帆，借风力，求得“一帆风顺”，果然，修复现场发现了竹席残片，或为船帆遗物。

稳定性和动力问题解决了，就能确认其“海船”身份。但最好的方式，还是以古法复制，使之还原，放舟入海，用实验考古学的方法，试以航行，有人就这么做了。

该舟出土时，就已残了，故应尽量以古法还原，用以复制的工具和材料，一如遗址内所呈现的遗物。还原的过程，历时一年半，不知其进度比当年的跨湖桥人如何。复制了两种舟体，分别为单体式独木舟和加装了单边架的边架艇式复合型独木舟。2015 年 7 月 11 日，复原而成的独木舟，在福建东山海域试航。航行结果表明，单边架的边架艇式复合型独木舟的稳定性正常，在风浪中，行驶平稳，横摇幅度可控，基本上不会侧翻倾覆。

可惜的是，那次试航，未能按照跨湖桥人当年的航海路线航行。

据钱塘江与杭州湾海岸变迁图所示，约五千年前，萧山、绍兴、余姚一线，都在杭州湾南岸。这只史前独木舟，顺着南岸自西往东游弋，从萧山到舟山，从钱塘江口到杭州湾口，从湘湖的跨湖桥头到姚江的河姆渡头……于是，我们从河姆渡遗址里看到了一件独木舟残骸和六支木桨，还有一只半月形、两头尖、呈梭状的“夹炭黑陶舟”。舟骸中间被挖空，断面呈弧状，一端收敛成尖圆形。六支木桨，柄叶雕花，做工讲究。可见河姆渡人不但把船当作交通和渔猎的工具，而且作为文化载体，表达审美意识，呈现文明样式。

而良渚文化中，则发现了距今约五千年的最长、最完整的史前独木舟。此舟，出土于茅山遗址南部一条北窄南宽的喇叭口状的古河道中，稍微有些残缺，形状基本完整，头尖尾方，长约 7.35 米、宽约 0.45 米、深约 0.23 米，船沿厚约 0.02 米，由整段巨木凿成。除了独木舟，良渚人还有筏和舫。筏且不言，舫为两条或三条以上的独木舟相连，用木横梁连接固定而成的多船体并列形式，其特点为稳定性强、载重量大，能够适应海上风浪。百越先民“以船为家，以楫为马”，其缘起就在约八千年前的跨湖桥人以及约七千年前的河姆渡人，其普及则在约五千年前的良渚人，他们就是“不能一日而废舟楫之用”的百越先民的远祖。

我国史前海洋文化有南北两大系统，北方沿海有龙山文化，南方沿海有良渚文化。龙山文化跨越渤海至辽东半岛、朝鲜半岛和日本列岛；良渚文化则以马家浜、河姆渡为母系，形成覆盖现浙、闽、粤等地的百越文化，代表了长江下游海洋文化的起源，留下了更多航海活动的遗址遗迹。走东洋，下西洋，并非后来才有的盛事，事实证明，后世大帆船行之所至，河姆渡人驾独木舟或也能到。作为史前航海文化标志性的物件，一是独木舟，另一便是制造独木舟的有段石锛。沿海地区，但凡有此二物出土，便可断言其为海洋文化。

有段石锛，是一种复合工具，是背部带有段脊的锛状石器，“段”上可用绳捆骨木之柄用以砍削，河姆渡人以之“刳木为舟”。其形制，于河姆渡遗址四个文化层里呈现出相应的序列化样式，始为隆脊，继之弧背，再为斜脊，终于台阶式，进入良渚时期。

以河姆渡为源头，有段石锛还随着河姆渡人的航海而海漂，不仅从浙江漂到台湾，还从日本群岛漂向遥远的太平洋岛屿。有人认为，这是河姆渡文化通过赤道逆流漂航，向海外扩散。《山海经》里“瓯居海中”“闽在海中”之瓯、闽先民，或为河姆渡文化扩散而来。导致河姆渡人扩散的主要原因，都说是海侵，对于一个航海民族而言，适度的海侵，如果是渐变，历数千年，由表及里，由浅入深，逐步到来，反而有利于促进海洋文明的生长。

独木舟残骸，跨湖桥遗址出土

“刳木”，是指剖开木头，将中心挖空，是古人造独木舟的方法。跨湖桥遗址属于新石器时代，位于浙江萧山湘湖村，其中出土了一件独木舟。据碳-14测年，跨湖桥遗址距今约八千年至七千年，与北方辽西阜新查海以及赤峰敖汉旗兴隆洼遗址年代相近。查海遗址出土有石块堆塑巨龙，而兴隆洼遗址也有最早的玉玦出土。江南的跨湖桥遗址，出土遗物除稻谷与各种陶器外，最具特色的是约七千五百年前的独木舟，是目前中国范围所发掘考古遗址中最早的独木舟。在接踵而来的河姆渡文化遗址里，又出土了一些制作独木舟的工具，如石锛等。

河姆渡遗址发掘出118件石锛，早期的形体均较长和厚实，仅刃部磨制锋利，后期器形规整，有长条和宽扁两种，精磨较多，主要用于木材精加工。此外，河姆渡遗址还有大量的石斧、石凿出土，基本为木材加工工具。

石斧，浙江余姚河姆渡遗址出土，河姆渡文化一、二期，河姆渡遗址博物馆藏

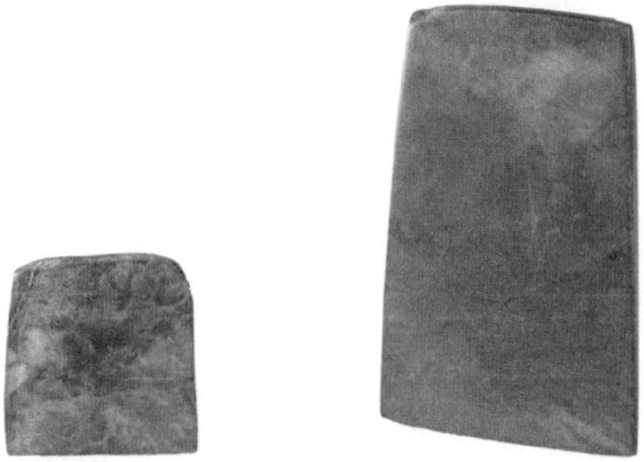

石锛，浙江余姚河姆渡遗址出土，河姆渡文化三期，河姆渡遗址博物馆藏

穿孔斧，浙江余姚河姆渡遗址出土，河姆渡文化四期，浙江省博物馆藏

石凿，浙江余姚河姆渡遗址出土，河姆渡文化三期，河姆渡遗址博物馆藏

石锛之木柄，浙江余姚河姆渡遗址出土，河姆渡文化一期

石锛之鹿角柄，浙江余姚河姆渡遗址出土，河姆渡文化一期

桨，残长 62.0 厘米，柄宽 3.5 厘米，桨叶长 27.8 厘米，厚 2.0 厘米，
浙江余姚河姆渡遗址出土，河姆渡文化一期

鱼鳔，长 8.6 厘米，浙江余姚河姆渡遗址出土，河姆渡文化一期，浙江省博物馆藏

第2章

河姆渡猜想

01

寻找伊甸园

—— 有关伊甸园的东方想象

我们知道，河姆渡人的文明的乐园，随着大暖期而来。

然而“福兮祸之所伏”，跟着大暖期来的，还有持续不断的海侵。

约一万年前，东亚大陆海岸线还是朝鲜、日本、台湾地区相连，因大暖期到来，海面上升，才成了海，而化陆为海的过程，就叫作海侵，我国现有海岸线就由海侵造成。

海进海退具有一种长时间的节奏，或曰“脉动”，一次大的整体性“脉动”，包含了多个地区局部海岸线进退，亦称“颤动”。这一地层学原理，也可用作文明的原理。

在人类文明的全新世脉动中，有不同的文化圈、文化带和文化板块的颤动。颤动，表现为不同文化此消彼长，形成了兴衰交替的历史周期，呈现出文化类型的样子。

在人类文明进程的大脉动中，历史的周期性颤动明显加快了。七千多年前，河姆渡文化与仰韶文化几乎同时出现，一东南，一西北，一沿海，一内陆，两种风貌迥异的文化，分别存在了大约两千年，继之而起的良渚文化和龙山文化，也各自存在了上千年。

可进入王朝时期，一代王朝，寿命最长，也不过数百年，短则，仅有数十年，历代中央集权的王朝全部加起来，除去乱世，其长度还是比不上河姆渡与仰韶时期。

能让一种文化在一个地方和同一人群中存在两千多年，那地方，便是文明的乐园。若谓人类真有过那么一个黄金时代，就应该在那个时期，它们处于文明“脉动”的起点，还没有那么多的文化“颤动”干扰它们兴起。它们于大暖期里最温暖的时刻产生，还有诞生地，当然也要适宜，试看杭州湾，原就是个天然的文明子宫和出口，可谓得天独厚。

西方文化里有个“伊甸园”的古老说法，这一说法，同人类命运和文明的起源有关。所以，从古到今，总有人不断提起和追问：“伊甸园”究竟在哪里？寻找“伊甸园”，找到一个文明最原始的样子，以便我们建立同先祖的联系，似乎成了历史目的论的不懈追求之一，即便近代以来的科学的“进化论”早已取代了中世纪神学的“创世记”，人们还是要这样去问，并试图为“创世记”那一套说教，建立一个确定性的历史地理的坐标。

古代西方人最相信的还是《圣经》，每一次确认，人们都要回到《圣经》，回到那一句“有河从伊甸流出，滋润那园子，从那里分为四道”，并以之为历史地理的索引。

殊不知神学地理就如同神话地理一般，也是诉诸无限与永恒，既可以实指，如幼发拉底河、底格里斯河，也不妨虚拟，如基训河、比逊河。因此，最好不要将神学思维还原为科学思维，把神创之河还原为历史地理的河。不过，还真有人去考证基训河就是发源于伊朗进而注入波斯湾的库伦河，而比逊河就在沙特阿拉伯，在沙漠里，河床早已干涸。神创之物，皆为虚拟，虽非实体，却是存在，就如同当下网络化的虚拟世界，不以实体形式表现为实在，而以信息化的方式表现其存在。虚与实，本来就是相对的，若以物质为本体，那么信息就是虚拟的，如以信息为本体，那么信息为实，而物质本身亦须适应信息化生存。

因此，我们对于“伊甸园”一类的说法，只要知道，那是神赐的乐园就够了，没有必要非得搞清楚那里究竟是什么地方，更没必要将它与人类文明起源地混为一谈。

即便从神学的意义上，我们也可以说文明的起源，并非由神所赐，而是出于神对人的惩罚。人之初，被蛇诱惑，偷吃禁果，从此开眼，知羞耻，识善恶，天真烂漫，应有尽有的好日子，终于结束了。应该说，蛇是人类最早的启蒙者，可结果便是有了原罪。蛇与人类都遭了神的惩罚，蛇就别提了，而人，从此就有了生与死的问题，被死亡纠缠着。为了生，人必须开始生产，才能养活自己；因为死，人必须以生儿育女来延续自己的生命。然而，正是由于生死立定了文明根底，文明从对原罪的惩罚开始，老子说，这叫作“智慧出，有大伪”，“伪”就是人为，人一动，就有为，就有了原罪。站在文明的立场上，从文化的角度上来说，老子还有一说，那就是“祸兮福之所倚”，也适用于文明起源时的人类状况。

有人据《圣经·创世记》推断，说伊甸园就位于波斯湾域内四条河流的交汇处，大约在七千年前，因冰川融化，遭遇海侵，而沉入波斯湾底。这一说法，很有代表性，是假设伊甸园在海边，而文明的起源，就是人类始祖栖息地从海边转移到河边，从出海口转向依山傍水的内河平原，在山海之间，展开了从自然进化走向文明开化的历史进程。还有人从苏美尔神话与《圣经》故事的相似性中，寻找伊甸园的遗迹，或曰，楔形文字中，也有“伊甸”和“亚当”等词，“伊甸”，意为“未垦之土”；“亚当”，意为“荒原居者”等。更有人因为《圣经·创世记》里还提到了“伊甸园在东方”，而将文明起源的目光转向东方。

我们知道，现代西方人关于“东方”有近东、中东和远东的说法，这一说法，取决于西方立场，用了西方中心论的尺度来衡量。然而，《圣经》所谓“东方”，应未有近、中、远之分，若以三分法之“东方”来定位伊甸园，那么相应的便有三处。事实上，人们对于伊甸园的追寻正是如此，不光围绕着近东和中东寻根，还把追寻的目光投向了远东。自马可·波罗自称到过中国以来，远东便出现在传教士的视野里，人们对伊甸园的追寻，也随着传教士的脚步向东，向东，再向东了。于是，中国也被西方纳入关于伊甸园的想象中了。

为什么《圣经》说“伊甸园在东方”？抑或与大暖期到来有关？

我们看那创世记的园子里，果物应有尽有，取之不竭，便知其已非冰期的产物，而应为大暖期的文明成果，也许大暖期的到来，是从东向西渐次进展的，中国全新世大暖期比大西洋大暖期来得早，寻根“人之初”，自然会对中国产生联想。其实，伊甸园就如同昆仑山，如果说昆仑山道路通天下，那么伊甸园所在就遍世界了。神话思维和神学思维有相似处，那就是都有个神在。有神的时间，都趋于永恒；有神的空间，都归于无限。昆仑山也好，伊甸园也罢，都应该去求那永恒和无限的解，没有必要还原为何时何地的存在。

02

黑头人传奇

—— 指向“东方”的伊甸园

还得说说伊甸园，这一回，不说它在哪里，而说那些传说的人。

失乐园的故事，最早在《旧约》里出现，讲述这故事的是希伯来人。

将《圣经》分为《旧约》和《新约》，是基督教的安排，犹太教因为一直坚持摩西以来的传统，不接受耶稣为上帝拯救计划里的救世主，故而与《新约》绝缘。

耶稣是个分水岭，分出了犹太教和基督教，分别了《旧约》和《新约》。可它们毕竟是同一个源头里流出来的水，还有先天的同一性，比如说伊甸园，就是它们的一个同一性的源泉。而这个从天上掉下来的源泉，就在犹太远祖和先民的口头上流传。

犹太人始祖，那个名叫亚伯兰后来改名为亚伯拉罕的人，他从哪里来？

希伯来《圣经》告诉我们，亚伯拉罕一开始，就在《圣经·创世记》指定的幼发拉底河、底格里斯河的两河流域里出现，可他并非那个文明起源地的先驱，也不是那个文明古国的主人，他只是拖家带口到这里来定居的一介过客。然而，上帝看中了他，与他立约，要他离去，还给他指了一条道，对他说：往我指示你的地去，我必叫你成为大国；我必赐福给你，叫你的名为大，你也要叫别人得福。沿着上帝指引的道路，他就上路了。

一路上，想必他就一边讲着人类始祖的失乐园的故事，一边往他的目的地去。如果还有人对伊甸园在哪里感兴趣，那么我们不妨试着猜想一下：这位亚伯拉罕老汉会认为它在哪里？

一般来说，跟亚伯拉罕沾点边的说法，多少有点历史的依据。如果顺着文明的起源追溯，我们就会联想到上帝对亚当的惩罚，便是让他从地里刨食吃，显然，这也就是农业的开始，而亚伯拉罕的出发地——两河流域，那里就是农业文明的发源地。

在那里，最早从事农业，并建立城市的人，便是那些苏美尔人。

谈起历史形态的文明，像模像样的，没有比苏美尔人更早的了。最早的城市、最早的王权、最早的文字、最早的法典，还有最早的诗篇……以及亚伯拉罕跟他的子孙们喋喋不休的伊甸园，在苏美尔人的神话传说中，也有迹可寻，可以找到它的根源。亚伯拉罕带着他的家人走出两河流域时，苏美尔王朝已崩溃，但文明的影响还在，比如说，那个伊甸园，就通过亚伯拉罕的讲述，影响了一代又一代犹太人，进入了犹太人的《圣经》。

据《圣经》记载，伊甸园在“东方”，这一说法，当然是通过亚伯拉罕流传下来的。但是，不光亚伯拉罕这么说，比他更早的苏美尔人，或许也如是说。若谓亚伯拉罕所谓“东方”，或以苏美尔文明为底本，那么苏美尔人所说的“东方”，又当指向何方？

我们不妨顺着苏美尔人所在的“中东”往“远东”搜索过去，于是，我们发现，在“远东”，也就是如今中国东海的海岸线上，有个海湾，就如同苏美尔人所在的波斯湾一样，我们叫它“杭州湾”，入湾有一条江，叫作姚江，姚江有一渡口，便是河姆渡，与苏美尔人几乎同时，河姆渡人在这里种水稻，盖房子，靠山吃山，靠海吃海，定居下来。

那时，河姆渡人在杭州湾，苏美尔人在波斯湾，各有各的文明的摇篮。

可以这么说，西方文明，是在“近东”的摇篮里成长起来的。但被西方文明所认可的“近东”，原来并不包括苏美尔人，因为苏美尔人曾经是西方文明史上的失踪者。

当代有个名叫威尔·杜兰特的美国人在他的《世界文明史》第一卷第一章“苏美尔”里，开头就谈到“东方——近东对西方文明之贡献”。他说，西方文明，与其说起源于希腊、罗马，毋宁说是起源于近东，因为事实上，“雅利安人”并没有创造什么文明，他们的文明来自巴比伦和埃及。希腊文明，世所称羡，究其根底，在于近东文明的底蕴。

威尔·杜兰特谈起世界文明史，一开头就说，应先感谢近东，因为近东才是西方文明的真正创造者。很显然，他说的“近东”范围，是包含了中东的，他要感谢的对象，提到了巴比伦和埃及，但没有提起苏美尔，尽管他的《世界文明史》开篇就谈苏美尔人。

他为什么不顺便也感谢一下苏美尔人呢？这里就涉及西方文明的难言之隐。承认巴比伦和埃及为西方文明的源头，不光有文明传承的线索可查，还有人种的脉络可寻。而苏美尔人“从哪里来，往何处去”，则一直是个谜，不光兴起时来历不明，而且衰落时下落不明。更何况，苏美尔人为世人所知，并非以历史叙事和文明传承，而是通过考古活动被发掘出来的，也就是说，他们是在历史消失文明中断以后，被人重新发现的。通过楔形文字，他们留下了可以识别其人种身份的显著标志，那就是他们一再声称自己是“黑头人”。

如果“黑头人”的说法成立，那么我们也许可以猜想苏美尔人有可能与同一时期的河姆渡人为同一人种，因为河姆渡人作为“黑头人”应该是毋庸置疑的。但是，我们没有必要去做究竟是河姆渡人的祖先从杭州湾跑到波斯湾来了，还是苏美尔人的一部分从波斯湾跑到杭州湾去了的猜想。没有证据的猜想，说来说去，其实毫无意义。不过，我们倒是可以把它们作为东西方史前文明比较的两个范例。用现代性的尺度来衡量，苏美尔人在文明进程的履历表上遥遥领先。他们是人类政治文明的开创者，用了一整套规则的楔形文字的字板来为政治文明奠基，由此形成王朝和法典，成为他们的神鞭。他们还用楔形文字创作了比《荷马史诗》和《诗经》还要早一两千年的诗篇。我们从威尔·杜兰特的《世界文明史》第一卷《东方的遗产》之“苏美尔人”中，读到一首诗，那诗的沧桑之美，至今还扣人心弦：

> 我，被敌人奸污了，呀！他连手都没洗；
> 那双带血的手，把我吓个半死。
> ……
> 想着那令人发抖的一天，
> 他闯进我的宫殿，我躲进了夹壁，瑟缩着像只鸽子。
> 他闯进夹壁，我爬上屋梁，像只飘飘欲坠的小猫头鹰。
> 他在追，我在逃，逃离神龛，逃离城市，像一只无依的小鸟。
> 啊！我在叹息：何年何月才能回到我那遥远的故乡？

这是一位四千多年前的苏美尔诗人，以乌尔女神的口吻写的一首亡国之诗。苏美尔人的最后一代王朝乌尔王朝毁灭之时，国破家亡的情景跃然而至眼前，凄丽惨美之音莅临耳畔。尤其诗的临终那一声叹息，让我们再次想起了《圣经》，那乌尔女神感叹的“我那遥远的故乡”，岂非就是那早已消失了的伊甸园？就是那跟“东方”有关的伊甸园。

苏美尔国家起源的埃利都遗址

“黑头人”指苏美尔人。戴尔·布朗主编的《失落的文明》一书，其中谈到苏美尔文明时，直接呼之“伊甸园的城市”。美索不达米亚（今伊拉克境内）文明又称两河文明，孕育于底格里斯河和幼发拉底河之间，主要由苏美尔、阿卡德、巴比伦和亚述等文化构成。“大洪水”之后，苏美尔文明重心北移，苏美尔神话中埃利都主神恩基将文明作为爱情的礼物，赠给了乌鲁克主神依南娜，让她带回去，就反映了这次文明迁徙。乌鲁克之后，文明的恶之花开了，人与人的斗争，是文明的催化剂，催促文明速生，其极端形态便是战争。公元前2350年，即苏美尔文明发展了两三千年后，阿卡德人萨尔贡一世驾战车驰骋两河流域，驱逐了苏美尔人。

埃利都遗址出土的一件赤陶土船模，
船长约 25 厘米，距今六千多年

尼尼微泥板

从尼尼微出土了讲述苏美尔乌鲁克国王吉尔伽美什经历的 12 块泥板，被称作“泥板史诗”，这是其中的一块。将泥板碎片拼接在一起并破译后，研究者发现，其中的内容与《圣经》里“大洪水”故事相像，还有“人类始祖天真、诱惑及堕落的故事”。

03

东方人之初

——河姆渡人的幸福指数

乌尔女神的“故乡”在哪里？也许就在《圣经》里说的“伊甸园”。

因了亚当、夏娃背叛，神赐的伊甸园，“绝地天通”一般，与人绝缘。失乐园的人之初，原是不得已而有了文明开化，故其文明样式，或以伊甸园为原始摹本，其文明本质，则基于《圣经·创世记》里神创目的论安排——人为万物之灵和人是万物尺度。

灵和尺度，本来属于神明，被神赋予了人类文明，成了人的使命。

因此，人之初的文明，要实现人对自然的权力，而非人与人争夺。

七千多年前的东西方，以河姆渡人和苏美尔人为代表，呈现了文明的两个原型。若谓河姆渡文明代表了神创目的论的初级阶段，那么苏美尔文明则开启了“智慧出，有大伪”的进程，较之河姆渡文明更近于伊甸园的原貌，苏美尔文明则沿着失乐园方向前进。

当河姆渡人向万物实现其万物之灵的自然权利时，苏美尔人已开始在人与人之间要求政治权利了。这两个文明，一个还在顺应自然中尽其人的使命，另一个早已在人与人的斗争中去争取利益最大化了。他们各自开启了不同的文明走向，河姆渡人从新石器时代走向玉器时代，而苏美尔人则从新石器时代走向青铜时代，分别有了不同的国家起源。

人与人的斗争，是文明的催化剂，催着文明速生，其极端形态，便是战争。战争，或加速文明的进程，或使文明的进程逆转，总让野蛮充当斩杀文明的刽子手。

文明很脆弱，无论史前，或史后，有时候，一场战争的胜负，就能宣判一个文明的生死，虽说文明教化野蛮代表了历史的进程，但野蛮战胜文明，也是常有的事情。

当苏美尔文明倒下时，近东地区，两河流域，在很长一段时期里，出现了历史的时差，表现为文明倒挂。也就是说，苏美尔王朝的毁灭者和替代者，虽然攫取了苏美尔文明为其所用，但要达到苏美尔人的文明高度尚需时日。对一些用不了的，或不适用的，就都毁灭了，遗失了；阿卡德人之于苏美尔，有如罗马之于希腊，日耳曼人之于罗马。

相比之下，河姆渡人的文明进程要从容得多，他们似乎没有高速成长的压力，当然也就没有高速成长中出现的文明不适和人性的烦恼。但其视野足够开阔，手艺也相当巧妙，不光能用石锛刳木为舟，更以河流为纽带，连山通海，还以木作的营造法式，将“构木为巢”的山林鸟居原理沿用并推广于河、海平原地带，造就了最早的干栏式民居，作为“人是万物尺度”和“万物之灵”的标志，以人的营造法式，将人与自然区分开来。

定居，意味着人有了自主的时间和空间，可以从自然循环中独立。自己安身立命，不但结束了人与动物争抢洞穴的自然状态，而且开始了真正属于自己的新世界。如果说自然界还是自然形成的，或神创的，那么这个人类可以定居的新世界，则是人类自己的创造，成了文明的标志——由定居而有家和家族，而有村落和城市，而形成社会与国家。

河姆渡人以定居的方式，播下了一粒城市文明的种子，但他们还没有城市，后来，我们从良渚文化中，看到那些发掘出来的城市，应该就从河姆渡人的定居开始。

可同一时期的苏美尔人，已忙于打造城市。城市，不是伊甸园，是个充满了是非、利害、成败和得失的所在，集中反映了人与人的对立统一的状态。在城市文明里，会出现人口问题，一个城市兴起，要有一定数量的人口打底子，人少了不行，多了也不行。

河姆渡人还没有这样的问题，他们虽然开始了定居生活，但他们并未固定于某一个地点。他们的世界不大不小，有山、有海、有河流，海是东海，江是姚江，以杭州湾为出海口，还有山呢？《山海经》里说“东四百里曰句余之山”，那“句余之山”，便是河姆渡人的根据地及其文明的源头。若问“句余之山”何在？有两说，一为晋人郭璞注《山海经》所言“句余之山，无草木，多金玉，今在会稽余姚县南，句章县北，故此二县因此为名”。还有，便是南宋王应麟《四明七观》说的“东有山曰句余，实唯四明是也”。童兆良作《句余山考论》，分别二说，考之甚详，然，就大体言之，知其不出四明山系，具体而言，即在姚江上下。

不过，“无草木，多金玉”一说，似与河姆渡时期不符。据考古发掘来看，那时，山为热带雨林，果实取之不尽，猎物源源不断，“无草木”从何谈起？所言者，或为后来良渚文化，多玉似之，多金则未，多玉尚属新石器，多金则为青铜时代。由此看来，《山海经》世界处于金石并用时期。河姆渡人也有玉，从出土情况来看，都是一些小件饰物，如 、玉璜、玉石管、玉石珠等，远不如后来良渚人的那套系列化和制度化的玉文明体系。它们只有玉文化的一点萌芽，还不及同一时期北方的红山玉文化，遑论良渚玉文化了。

从文化的地缘关系来看，有人会想当然地认为，良渚玉文化应该从河姆渡人那里传承而来，但实际上，良渚人是从与河姆渡人并行的马家浜文化的另一路发展而来的。河姆渡与马家浜这两支文化，分布于杭州湾南北，成长于钱塘江两岸，反映了史前古越文化。

我们知道，古越人文渊薮，基于环绕杭州湾的两大平原，一是浙东宁绍平原，那里是史前河姆渡文化兴起的地盘，另一是浙西杭嘉湖平原，那里由古越马家浜文化繁衍。

看来，马家浜文化的进展要快一点，从马家浜文化到崧泽文化，从崧泽文化再到良渚文化，后来，良渚文化与河姆渡文化交会，形成了统一的史前古越文化的地理空间。

良渚文化的统一性，并非青铜器时代的国家暴力的产物，而是玉器时代文化认同的成果，不是以血缘为纽带的族源的统一，而是以地缘为基础的文化的江山的统一，是以钱塘江连山通海，围绕着杭州湾来统一的。那时的杭州湾，其实就是一片地中海，海域比现在大很多，连西湖都曾经属于那一片海，所以，我们还可以说，那是史前海洋文化的统一。

良渚人没有走向多金，而是走向多玉，从玉文化里确立了礼乐文明的根底。正如良渚人有一个玉器时代，河姆渡人也有过一个属于自己的骨器时代。如果说良渚人用玉器做了神权和王权萌芽的标志，那么河姆渡人则用骨器证明了他们是万物之灵和天之骄子。

试想一下，能用动物的骨头开辟一个骨器时代，肉食的猎取，应该多么丰富！让我们来看看史前舌尖上的河姆渡，他们自有一本大暖期的《山海经》食谱，从飞禽到家禽，从走兽到家畜，从花果到饭稻，从山珍到海味……我们从河姆渡遗址博物馆的大量骨物遗存里，可以看到河姆渡人海、陆、空通吃，天上飞的，地下跑的，水里游的，都在他们的舌尖范围。他们从山吃到海，一路吃下来，吃出个他们自己的《山海经》世界。诗曰：

海上猎鲸客，山间驯鹿手。
一响传千古，吹入兽骨头。

当我们从博物馆的陈列里，第一次看到骨哨和骨笛时，骨子里便凛然一惊。

从骨头里吹响哨、笛的河姆渡人，该是怎样的万物之灵？如果他们吹响的是百兽之王老虎的骨头，所有的动物，岂不都要战战兢兢？如果他们在海洋吹响了鲨鱼的骨头，还将鲨鱼的骨头做成鱼鳔，岂不就像鲨鱼一样，要主宰大海的自由？我们还不太清楚河姆渡人的骨哨和骨笛究竟用来做什么，不过，可以大致做这样的猜测：对于人自身而言，当然是自由人的自娱自乐，有如乐器之于今日音乐爱好者；对自然而言，则发出万物之灵的宣言，宣告了人的灵性超越自然，人作为万物的尺度，就在这穿云裂石透彻骨髓的一吹里出现。

也许，河姆渡人就用不同的兽骨、鱼骨、鸟骨做成不同的骨笛、骨哨，来与相应的动物打交道。如果他们用骨哨来狩猎，你想想吧，当几十只骨头哨子，远远近近，此起彼伏，吹向猎物时，猎物听到从自己骨头里发出来的致命的声音能不魂飞魄散，毛骨悚然？

而骨笛则可能相反，或用于人与动物的联欢。人类驯养动物，非以恐惧手段，而是用了天放的情感，发出爱的呼唤，从而产生依恋，就如同当下的环保主义者一般。

与同一时期中国北方的仰韶文化相比，河姆渡人显然更懂得音乐，除了骨哨、骨笛，还有陶埙。而仰韶人则擅长绘画，他们的自我意识和宇宙意识表现在彩陶里，其纹饰和器型，看来颇与苏美尔文化相似。音乐和绘画都有灵性，可以表达天命，河姆渡人以音乐通天人之际，使万物一体，而苏美尔人，早就有了一套成熟的文字。两种文明，各行其道，一行音乐道，宜于表达人类的统一性原理；一行文字道，形成文明的阶梯，造就等级制度，分别为不同的族群和国家。如果回到七千多年前，让我们来对这两个文明的样式进行选择，我想，我会选择河姆渡人的生活样式，那样的生活幸福指数更高，更接近人之初的伊甸园。

河姆渡文化遗址

河姆渡文化遗存，距今约七千年，因最早发现于浙江宁波余姚之姚江畔的河姆渡而得名。文化遗址呈分散式，主要分布在杭州湾南岸的宁绍平原及舟山岛，与浙江嘉兴南湖区马家浜文化对望，这两支文化在钱塘江两岸，形成了新石器时代长江下游和环太湖流域的早期文明。在它们之后，上海青浦崧泽一带有一支崧泽文化人，继续在河姆渡文化和马家浜文化留下的传统中经营这一方水土，他们走后，良渚文化人又来了。

考古学家虽未明确萧山跨湖桥遗址与河姆渡文化之间的关系，但两处遗址的年代与地理位置相近，文明样式因皆处于江海交汇处而有共性。跨湖桥遗址出土的独木舟，在河姆渡文化里也出现了，河姆渡人同样自由穿行于山林原野和江河湖海之间，从事渔猎、造舟、采集、饲养、种稻、制陶、纺纱、建筑等。遗址出土骨镞有上千件，骨哨有 160 件，从上万件动物遗

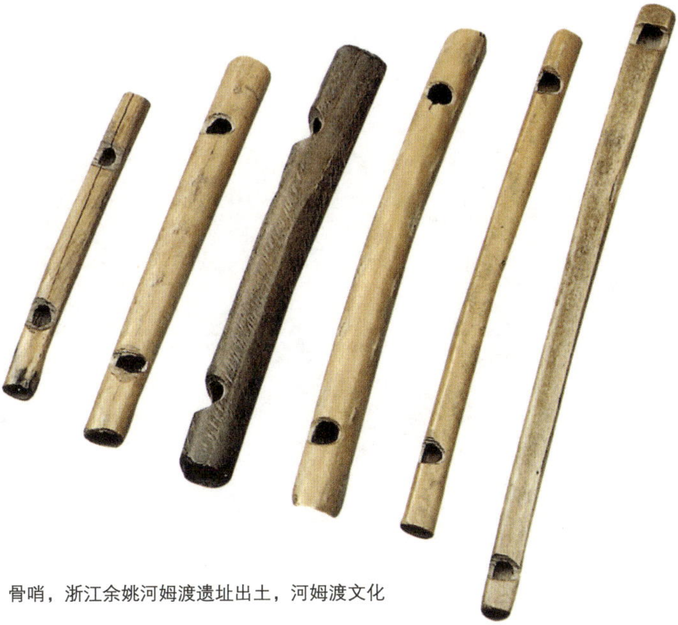

骨哨，浙江余姚河姆渡遗址出土，河姆渡文化

骨来看，涉猎动物有61种之多，不光有山林猛兽，还有深海鲸鲨。驾独木舟，捕鲸猎鲨，河姆渡人是怎样做到的？他们的生产工具有石、骨、角、木和陶等质料，骨质工具最多，主要是将动物的角、牙齿和肩胛骨经过磨制加工制成农业工具、渔猎工具、纺织工具等。农业工具主要有骨耜、木相、木锄、双孔石刀等，其中骨耜是最为典型、数量最多的农具，共出土200多件。多选用大型哺乳动物的肩骨制成，平面呈梯形，上部装有直向木柄。居住在干栏式房屋里的鲻山人，约七千年前就在海岸线上与鲻鱼嬉戏，因为鲻鱼主要活动于江河入海处。宁波慈湖遗址出土的木屐、木耜，奉化江口镇名山后遗址出土的陶鼎，象山县塔山遗址出土的斜把石镰、靴形石刀、玉玦，河姆渡遗址出土的黑陶以及陶器上的植物纹与生动的猪刻纹等，表明了河姆渡人的富庶。

玉玦，浙江象山县塔山遗址出土，河姆渡文化三期

白陶豆残片，浙江桐乡罗家角遗址出土，马家浜文化
上有压印的弦纹、勾连纹、曲折纹、菱形纹等复杂的图案组合，为马家浜文化制陶工艺的最高水平

釜型鼎，浙江余姚河姆渡遗址出土，
河姆渡文化三期

扁凿足大陶鼎，上海青浦崧泽遗址出土，崧泽文化

马家浜文化以杭州湾为界，北岸是杭嘉湖平原史前文化遗址，南岸是宁绍平原史前文化遗址。两岸皆以内海海岸线为定居地，新石器曙光皆从约七千年前开始，南岸以河姆渡遗址为主，北岸则更为丰富。考古专家确认太湖流域杭嘉湖平原新石器文化遗址的发展序列是：马家浜文化—崧泽文化—良渚文化—马桥文化。这些不同阶段的史前文化既演变有序，自成体系，又与周边更远地区的古文化有着频繁的交往，最后两岸文化统一于良渚。

河姆渡人“干栏式”居住方式

水乡泽国的河姆渡人，想出了最早的“干栏式”居住方式。发掘现场有上千根木桩有序地组成建筑基址，还有木柱、地板、横梁等上百件带榫卯结构的木构件，河姆渡人用这些木构件，为自己构筑了独立于自然的生活空间，为中国营造法式开端，仅榫卯就有双层榫头、燕尾榫头、企口板等智慧而又美妙的花样。幸亏是大暖期，才会有伊甸园般的河姆渡，促使他们的想象力为他们的创造力插上了自由的翅膀。《韩非子·五蠹》说：“上古之世，人民少而禽兽众，人民不胜禽兽虫蛇。有圣人作，构木为巢，以避群害，而民悦之，使王天下，号之曰有巢氏。”“构木为巢”作为“干栏式”建筑的描述，恰如其分。

木板上的凸榫，浙江余姚河姆渡遗址出土，河姆渡文化二期

带榫卯的木构件，浙江余姚河姆渡遗址出土，河姆渡文化一期

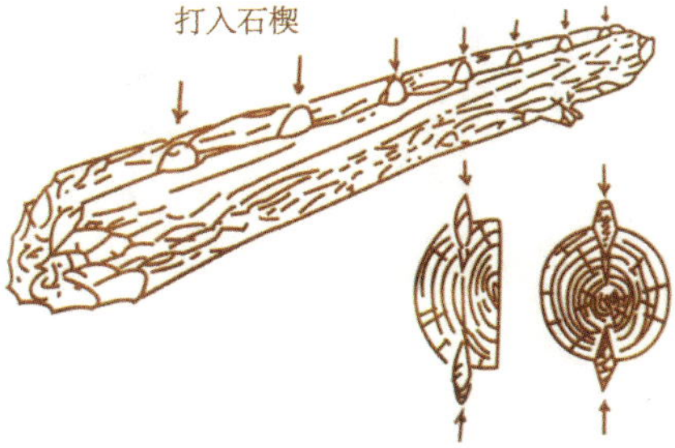

木材原始裂解方法示意图（引自杨鸿勋《建筑考古学论文集》，文物出版社，1987 年）

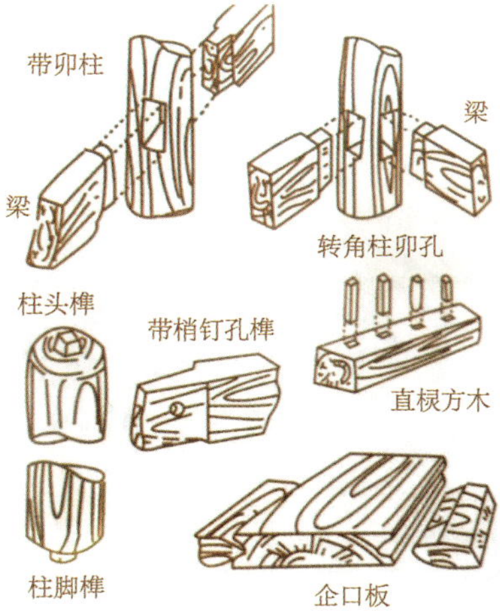

木构件上的榫卯类型简图（引自杨鸿勋《建筑考古学论文集》，文物出版社，1987 年）

如何将原木分割，建成干栏式房屋，构筑与自然隔离的舒适空间？河姆渡人想到了办法。他们用磨制薄而锐的石器，按直线楔入木体，一根方木就成了。

长圆形猪纹黑陶钵，浙江余姚河姆渡遗址出土，
河姆渡文化一期，浙江省博物馆藏

“家”字的演变

关于“家”的形成，似乎可以从河姆渡人留存下来的遗物中，勾勒出一个驯化的轮廓。人从直立行走以来是自我驯化，然后驯化猪等动物，人与猪都需要一个能够居住的家。干栏式构巢，上面住人，下面养猪，也许是“家”的象形来源。

木耜，长 31.0 厘米，刃宽 16.5 厘米，浙江宁波慈湖遗址出土，河姆渡文化四期，浙江省文物考古研究所藏

骨耜，长 18.0 厘米，刃宽 9.8 厘米，浙江余姚河姆渡遗址出土，河姆渡文化一期，浙江省博物馆藏

骨镰，残长 17.5 厘米，宽 3.0 厘米，浙江余姚河姆渡遗址出土，河姆渡文化一期，浙江省博物馆藏

河姆渡遗址出土的骨耜和宁波慈湖遗址出土的木耜，皆用于翻土或取土，是河姆渡人从事“农艺”的工具。

04

思想不经济

—— 河姆渡人的灵性思维

河姆渡人是如何“思想”的？思想并非理性的专利，还有灵性的一面。

河姆渡人的幸运，是由大暖期带来的。正是大暖期，使亚热带变成了热带，温带变成亚热带，连寒带都变成了温带，这不光改变了温度和湿度分布的纬度——天，还改变了地，使冰川化作河流，沙漠变成绿洲。还有头颅，人的头颅，也就是脑容量，都变大了，因为人除了感知，还要思想。骨器时代表明，河姆渡人以肉食为主，这有利于思想。

思想的花朵，随大暖期开放，开出窑的五行之火，开在缤纷陶器上；开向丛林之王，开在象牙上，跟着太阳神鸟飞翔；开向百兽之王，开在虎骨上，用骨笛和骨哨将“人是万物之灵”吹响；还开向鸟之王，开在鹰骨上，也被穿针引线，用来织造人类自由的新款式——衣裳；且以大木打造独木舟，顺流而下，穿越山川，驶向海洋……而这一切，就因为那时人类思想萌芽了，向宇宙万物开显了顺应并超越自然的万物之灵的灵性思想。

小小头颅，恰似宇宙；
人能弘道，以其同构；
头颅之用，是谓思想；

思想之用，宛若天光；
既明自性，又见天道；
天人合一，何其深奥！

或曰，人的正确思想从哪里来？不是从天上掉下来的！是的，但思想会上天去，观天体运行，看天气变化，“究天人之际”，而有“天人合一”的所谓天命、天道、天理。

然而，这等与天有关的概念，要等到人的理性觉醒以后才会出现，我们认为，中国史前文明，亦曾有过那么一个轴心期，那便是孔子所说的“祖述尧舜”的尧舜时期。

尧舜时期——中国史前文明的理性时期，出现了中国政治文化的理想性，例如，尚贤和天下为公，就在这一时期确立，影响所至，从“祖述尧舜”到“六亿神州尽舜尧”，可谓一以贯之，虽无信史可述，还拿不出像殷墟那样的二重证据，但在中国人的心灵史中，一直有个尧舜的灵魂栖居。近来考古学的进展——据说，从龙山文化的陶寺类型里，发现了传说中的“尧都”遗址，出土了文化中国最早的证据“文邑”，开始了文化中国的理性时期。

陶寺文化，是龙山文化往中原发展的一个类型。而龙山文化，则是良渚文化往北发展的一支，这一支的文化遗产，沿着黄河流域分布，从下游到中游，从中游到上游，向我们展示了一条“从东南往西北”接踵彩陶之路而来的玉石之路。齐家文化，是龙山文化往西北发展的良渚化世界的另一个类型，因其最早接触西方王朝国家，故而率先以金石并用、金玉良缘取代单纯玉石文化，带头从玉器时代转向青铜时代，从文化中国走向王朝中国。

这一文明的进程，反映在人的思维上，便呈现出从灵性走向理性的遗踪，从天放的灵性花园进入文明的理性大道。在到达理性之前，人以灵性之眼看，非以文字做理性化的表述，而以图式呈现灵性思维，河姆渡人在象牙上雕刻的“双鸟朝阳”即为典型样式。

鸟为灵使，思以通天，盖由天启，而以鸟纹图示；日为天志，二鸟朝拱，或含有“一阴一阳之谓道”之原始底蕴？若问太史公“究天人之际”的根底，或亦为河姆渡人“双鸟”图式？图式中心为一同心圆，外圆光芒四射，便是太阳，两侧刻有拱日的双鸟。这般图式，请勿以图腾视之，其原始意趣，并非“太阳神鸟”之类的神权初曙。与其想当然地将之作为宗教信仰萌芽的芽头，何如作为河姆渡人万物有灵和万物一体的人之初的思想灵标？

用象牙做质料，以鸟饰为形式，如此安排，使我们联想到史前“象耕鸟耘”的传说，左思《吴都赋》曰“象耕鸟耘，此之自与”，李善注引《越绝书》曰“舜死苍梧，象为之耕；禹葬会稽，鸟为之耘”。舜和禹都在三代以前，处于从神话到历史的传说阶段。

这一阶段，便是中国历史传说中的圣王时代，中国人自发的人类命运共同体意识，就觉醒于这一时期。以尧、舜、禹为代表，将“万物有灵”和“万物一体”的灵性表达，转化为“天下为公”和“人类大同”的理性预期，以大暖期的天放意识开创了历史。

禹活动的地理空间，因其本人具有神人二重性，而表现为神话地理和历史地理两部分，其活动范围，虽可参照《山海经》那光怪陆离的世界图式，但主要还是在中国的两河流域，按照太史公所说的，“从东南往西北”，形迹于玉石之路维系的良渚化世界里。

作为神话人物的禹，于各地垂迹，显然不受时空限制，我们且放下不说。作为历史人物的禹，则不妨如太史公所言，顺着“从东南往西北”的那条中国的历史运势线来说，禹先发迹于长江下游浙江以东杭州湾以南宁绍平原会稽山中，随着良渚化世界的进展，由东南而西北，从越禹转化为戎禹，然后回到中间地带——中原，相应有二里头遗址。

《越绝书》乃越地之书，如其所言，禹时，越地已有鸟田。作为生产方式的鸟田，在良渚文化里出现，虽然溯其源头可至河姆渡人的灵性之鸟和稻作农事并起的渊薮，但是，稻田作为文明景观，应有农业伴生。河姆渡人有农事，然未有农业，盖因其天然食源丰富，鱼肉、瓜果仍为主食，饭稻其次，故其经济形态仍属自然经济，主业还是采摘狩猎。产业经济出现，要等到人口增长、食源紧张之时，才会从“游于艺”的游戏规则转化为“立于业”的生产方式，河姆渡人还没有这样的产业意识，农业为主导要从良渚文化才开始。

良渚文化里的农业，在河姆渡人那里，或为农艺，那是一种艺事活动，是万物有灵的艺术化的生活方式的一部分，并非用来安身立命的经济。农艺不经济，对于河姆渡人来说，只是游戏。也许有那么一天，那是一个阳光灿烂的日子，河姆渡人吹响骨笛，将候鸟引来，其中有鸟，衔来一粒种子，递给了吹笛人，吹笛人下意识地将种子植入脚下的泥土中。然后，日复一日，用笛声引导种子的灵性成长，鸟闻笛声而来，给种子施肥，为芽苗捉虫，正是“鸟为之耘”也。听起来，像个童话，但是，如果我们生活在河姆渡人的思想里，或许就会相信那个万物有灵的游戏，很可能是个真实的故事。如果童话和神话的种子时不时地还在现实世界里发芽，那么我们就更没有必要怀疑河姆渡人究竟有多么大的能耐了。

在那个天人合一的游戏里，那一粒野生的种子终于长成了稻子。这样的传说，要是传到三代，就会变成“天命玄鸟，降而生商”那样的神话与历史交错的叙事。河姆渡人还不懂得做这样的历史背书，他们只是吹着万物有灵的笛子，将一个偶然性的游戏转化为习惯性的农艺，在周而复始的农艺活动中，体验着“参天地，化万物”的通灵的乐趣。

地里，虽然长了稻子，但还是不能称之为“鸟田”。“田”是一种生产方式，反映了土地制度的要求，也可以说是生产方式与土地制度的结合，其雏形，要等到良渚文化出现。对于河姆渡人来说，他们应有尽有，不知短缺为何物，故无须产业，他们从事稻作，只是人与天时契约的农艺活动，是参与天工开物的规律性游戏，没有农业，故不经济。

但农业的萌芽却在这里。不但农业的萌芽在这里，中国思想的起源也在这里。当思想的火花突然闪亮，河姆渡人相信，思想的光源必定来自天上；当思想的果实在文明的土壤里生长，在河姆渡人看来，那思想的种子也必定来自天上。天就在人的头顶，人一旦直立起来，就开始分别天、地、人。人之与天对应者为头颅，故尊颅以敬天，以思想参与天体运行，“参天地，化万物”，“究天人之际”，难道还有比这思想更为壮丽崇高的游戏？

还有河姆渡人的鸟，那分明就是天使，做了人之初的思想来源的标识。

在河姆渡博物馆里，陈列了两具头颅，一具是男性的，另一具是女性的，看那脑容量，似乎并不比今人的小。那是原创性的头颅，里面充满了原始思想；今人是知识化的头颅，在文明的传承里开张；灵性思想是对万物有灵和万物一体的体认，非以文字和言说呈现，而是在造物中发光。还有两具遗骸，也是一男一女，骸无名，那就权且称之为“亚当”和“夏娃”吧。在博物馆的附近，不仅展示了遗址发掘的现场，还根据今人对文明进程的理解，尽可能地还原了河姆渡人的生存状况。我们到此一游，本就想来接一接河姆渡的地气，尝试着同河姆渡人做一番灵性的交往，或能体认一下河姆渡人的思想。我们走出遗址现场，走向河姆渡口，眺望姚江，水天之际，烟雨苍茫，听，一片灵性的笛音飞扬。

烟雨七千年，来问伊甸园。

亚当和夏娃，吹笛到跟前。

鸟形象牙圆雕，长 15.8 厘米，宽 3.4 厘米，厚 0.8 厘米，浙江余姚河姆渡遗址出土，河姆渡文化一期，中国历史博物馆藏

双鸟朝阳纹象牙蝶形器，长 16.6 厘米，残宽 5.9 厘米，厚 1.2 厘米，浙江余姚河姆渡遗址出土，河姆渡文化二期，浙江省博物馆藏

河姆渡遗址出土蝶形器 20 多件，至于用途还不得而知，多数为象牙制成，由此来看，应该是比较珍贵的器物。这件象牙雕双鸟朝阳蝶形器尤为令人侧目，正面浅雕阳刻一组两侧昂首相望的双鸟，簇拥着中间的太阳，周围是烈焰光芒，线条遒劲，形态逼真生动，构图对称，表现了河姆渡人的审美趣味。除了“象鸟耕田”外，还有一种解释，或许河姆渡人以为鸟还有一个使命，那就是日日背负太阳晨升夕落。

河姆渡遗址出土的稻谷，据研究是驯化的家稻
河姆渡文化一期，河姆渡遗址博物馆藏

葫芦籽和皮，浙江余姚河姆渡遗址出土，
河姆渡文化一期，河姆渡遗址博物馆藏

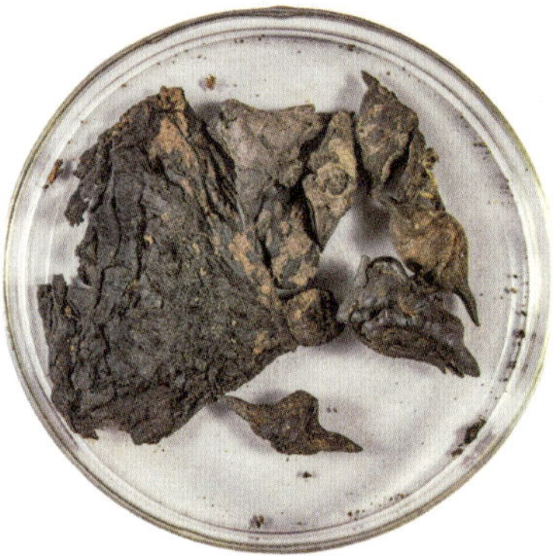

菱角和叶子，浙江余姚河姆渡遗址出土，
河姆渡文化一期，河姆渡遗址博物馆藏

樟科叶片，浙江余姚河姆渡遗址出土，
河姆渡文化一期，河姆渡遗址博物馆藏

有不少稻谷实物在河姆渡遗址留存下来，也许是因为当时特有的自然环境和土壤成分更适于人工种植、驯化和储藏水稻吧，还有一大批有机植物得以保存下来，包括采摘的各种果实以及干果。遗址发现动植物储存数量之多、种属之丰富，为其他同时代遗址所罕有。

稻穗纹陶盆，浙江余姚河姆渡遗址出土，河姆渡文化一期，浙江省博物馆藏
陶盆的外腹壁阴刻对称的稻穗纹饰，稻穗成捆绑扎，两侧因稻粒饱满而下垂

芡实，浙江余姚河姆渡遗址出土，河姆渡文化一期，河姆渡遗址博物馆藏

05

文明不古国

—— 河姆渡人没赶上文明古国的头班车

苏美尔人进入青铜时代，河姆渡人还在新石器阶段，与“多金玉”无缘。

不过，话要说回来，青铜时代并非人类之福，而是人类之灾。何以言之？

盖因人之为万物之灵，用火和石器就够了，有了音乐和绘画就很美好，而青铜与文字，则用于人对人的统治。统治者不是万物之灵，而是灵的摧毁者，用了青铜的物性战胜人类的灵性，用了文字的话语取代灵的意志，由此而形成的文明古国便成就了个“人世难逢开口笑，上疆场彼此弯弓月”的因果。然而，人之所以为人，从根本上来说，还就在于那点万物之灵的灵性，虽然注定了要在文明的进程中经受血与火的洗礼，但它从来就不曾失去，也许它被神权笼罩，也许它被王权屏蔽了，可它突然就从文明古国的崩溃中醒来。

先是苏美尔王国，接着是古巴比伦和古埃及王国，就连克里特岛上的米诺斯文明，那个曾经的海权帝国，也一个个灰飞烟灭了……不过，说是突然，那是用了大尺度的文明进化的眼光来看，把它们看作文明进程的一转。其实，它们经历的时间也不短，前后相续，起码也有好几千年。但我们必须指出一点，那就是文明古国的制度和原则，未能反映人为万物之灵的基本面。尽管威尔·杜兰特在他的《世界文明史》里开篇就感谢它们，我们还是不妨问一问，它们在文明的进程中失落了什么？文明的进程，并非人性的一帆风顺，须知热带和亚热带也会有寒流突降，大暖期里也难免有小冰期来临。人类虽然从自然里习得了超越自然的自由，但还不懂得在人与人之间的社会关系的总和里如何实现自己的自由。

那万物之灵的灵性，怎样才能不光适用于自然，还能够适用于人和人？

对此问题的解答，非以万物之灵的灵性，须由人类世界的理性。然，理性之于人，虽为天赋，但有前提，名为神所预设，实以文明试错，如摩西以《圣经·出埃及记》证伪了古王国埃及，新的历史时期便如约而至。理性，即以文明的试错和证伪觉醒之。

文明古国，是人类世界的开创者，就此而言，伟大毋庸置疑。但他们在自己的王国里，放弃了“人是万物之灵”的自由原则，回到了自然法则。我们不好说回归自然是否是一条通往奴役之路。如果出于对文明的批判和反思，就像庄子和卢梭那样，那么回归自然，便是文明转折时回到人类自由的原点，而非以自然法则的狩猎方式来对付他人，使人从万物之灵回归其兽性本能，对象化为等级和阶级、族群和国家、神权和王权暴力的猎物。

社会进化有两条路，一条是通往奴役之路，另一条是通往自由之路，可初曙的文明古国，对此并无自觉，哪来二分之想？故径由其自然进化的惯性，从征服自然走向征服世界，而有人以群分，分为不同的家国和族群、不同的等级和阶级。分必有争，争的最高形态，便是战争，由战争决定文明的样式和历史的进程。人之初，人之于植物的文明曰采摘，人之于动物的文明曰狩猎，人之于人的文明，简言之，即为战争。但，人毕竟是万物之灵，故而于采摘、狩猎之余，驯养动物，种植植物，造就农业。战争后果，则有所谓“政治”。

或曰，战争为流血政治，政治乃无血战争。二者，互为因果，如蛋与鸡。若谓仅有战争，那还是自然法则的延伸和自然状态的延续，一旦有了

“政治”，人性就有可能获得一个新的文明样式。人性在“政治”里转型，从灵性转向理性，从人的灵性超越自然到人的理性为自然立法，从万物之灵的确立到个人权利的争取。

正如人性，不仅有其善良天使的一面，还有其神魔的一面，政治便反映着人性的两面。两面虽然共存，却有不同的表现，或隐，或显，亦正，亦反，打造政治文明。

近东文明古国，从西亚到北非，从苏美尔到巴比伦，再到古埃及，率先打开了政治文明的神魔一面，由神与魔开启的，是一条通往奴役之路，文明的试错，居然从奴隶制开始了国家的起源，形成文明古国，要等到摩西与荷马到来，用先知和英雄的理性证伪文明古国所代表的文化类型，这才开启了政治文明的自由一面，也就是人性的善良天使一面。

由此看来，河姆渡人没赶上文明古国的头班车，那真是河姆渡人的福气！

最起码，河姆渡人比苏美尔人多了一些伊甸园的日子，少了一些被奴役的日子。这也许是因为东方大暖期，来得早，去得迟，未有食窘；也许是苏美尔人文字早熟，率先进入成熟期的政治文明，而河姆渡人尚以天命神宠作为文明襁褓，在音乐里享受文明童年的万物有灵和万物一体，不光吹骨笛，还制作陶埙，如庄子所言“含哺而熙，鼓腹而游”的“天放之民”，“同与禽兽居，族与万物并”，还没有通往奴役，也就谈不上什么个人权利。

从目前考古发掘的情况来看，河姆渡人没有发生过战争，虽与马家浜人并行于世，且有交集，但未见有文明冲突的迹象。可他们的消失，却有点意外。从遗址来看，河姆渡文化层的顶层被良渚文化覆盖了，有人据此认为，也许五千多年前，就预演过一次吴越争霸的故事，良渚文化兼并了河姆渡人。当然，这只是猜测，对于习惯以战争表达历史进程的人，这也是思维的惯性和历史的经验使然，但我们面对河姆渡人遗址里的遗物，不管怎么看，都未能看到杀戮留下的遗迹，较为明显的，反倒是文化的交流和文明的融合。

《山海经》时代，长江下游文化，以钱塘江为界，分别发展，在文化上，趋于二元格局。环太湖和杭州湾的杭嘉湖等地，沿着“马家浜—崧泽—良渚文化”一路发展，宁绍之间，向“河姆渡－良渚文化”转进，良渚文化一度统一钱塘江两岸。后来，因良渚文化的不断衰落和流离，两岸文化又分为吴越两支了。但一体化，还是两岸文化大趋势，此一趋势，在良渚以前的马家浜文化与河姆渡文化之间就已发生。在河姆渡文化板块的塔山遗址里，有人识别出带有马家浜文化、河姆渡文化的两类人群。他们在这里相遇，跨越了地理阻碍和文化差异，成了一个新的格局，有人称之为“塔山文化”。

塔山遗址，就在河姆渡以南，相距不远，位于宁波象山地区，遗址的年代跨度，超过了四千年，从六千多年前的河姆渡三期，到两千多年前的春秋时期，正好呈现了文化类型从神话到历史的转变过程。在六千年前的某个时期，马家浜人南下来到了这里，或由贸易，或因迁徙，总之，他们来了，与河姆渡文化第三期相遇。据说，该遗址有三个文化层：下层文化，或为河姆渡人与马家浜人在此相遇而未相融的状态，文化面貌呈现河姆渡二、三期样式；中层，类似于崧泽文化；上层，相当于良渚文化，两岸文化被良渚文化统一了。

鱼藻纹盆（两面），浙江余姚河姆渡遗址出土，
河姆渡文化一期，浙江省博物馆藏

这件鱼藻纹盆，高16.2厘米，口径31.6厘米。外表打磨光滑，色泽纯黑。敞口，深腹，腹壁微鼓，平底，两侧有对称的半环形小耳。高口沿上刻画一周锥点纹，腹壁刻画一组鱼藻纹和一组鸟纹。简单，生趣盎然。可见那时的河姆渡人从容且文艺。同时，他们有闲暇还在陶器上刻画他们喜爱的各种植物纹饰。

瓦形植物刻纹陶片，残长 21.4 厘米，周残径 13.8 厘米，浙江余姚河姆渡遗址出土，河姆渡文化一期

五片叶子刻纹陶块，高 19.5 厘米，残宽 18 厘米，厚 5.7 厘米，浙江余姚河姆渡遗址出土，河姆渡文化一期

砖形植物刻纹陶块，残高 15.0 厘米，残宽 9.0 厘米，厚 10.0 厘米，浙江余姚河姆渡遗址出土，河姆渡文化一期

从以上三件刻有植物纹饰的陶块来看，也许与河姆渡人的采集食物有关，人和万物享受自然的恩典，一同生机勃勃生长。

06

禁果的意蕴

—— 文明在试错中进化的代价

河姆渡人是幸运的，但幸运靠不住，就如同热带的妖娆。

有一本书《气候改变历史》，其中有一篇，叫作“发明热带性”。

这一篇章的观点，对我们理解河姆渡人的得失，或许会有帮助。

热带，有着天然的美丽和富饶，当年，哥伦布发现新大陆时，他同时也发明了这样的热带性，他称之为“伊甸园”，他说“小鸟的歌声是那样的动听”，“没有人愿意离开这个地方”……他对于热带的热情，在欧洲引发了有关“富饶热带的神话”，对于来自寒冷地带的欧洲人来说，充满了热带的诱惑，有一种如天堂般的感觉，怎么也挥之不去。

在自然王国里，热带，无疑是一片“幸福的国度”，人和万物都充分享受着自然的恩典，生机勃勃而又多彩多姿地成长。对此，有人竟然发出了这样的感慨：“我觉得，那仿佛是我置身于人间的极乐世界，是我一生中最幸福的时候。”而德国哲人洪堡，则一再声称，热带“伟大壮丽”的景色，是多么令他“惊诧和敬畏”！没有哪里可以像热带那样，让他感到自然是如此壮丽；没有哪里可以像热带一样，让他感到自然是如此强大。受了洪堡的浪漫主义的影响，达尔文对热带的考察也变得浪漫起来，他狂热地说道：我第一次看到了热带雨林，它是如此雄伟，只有亲眼看见才能真正体会它是多么神奇，多么伟大。那时的达尔文，一点也不像个进化论者，倒像个属于上帝的伊甸园的拥趸。他本来应该在热带雨林里发现物竞天择的自然进化的竞技场，不料，他在此惊呼一个天人合一的绿色乌托邦。

达尔文竟然这样说到，用尽了一个接一个的形容词，都无法向那些没有来过热带的人，准确表达他对热带的强烈感受，表达他精神上感到的愉悦和震撼。这里，整个就是一个伟大而纯天然的，却又是散乱而繁茂的温室。自然把这里变作它的小小动物园，但是人类却占为己有了。看起来，这是一个让人满怀爱的地方啊！对于欧洲人而言，它就是另一个星球，在和他们家园差了几个纬度的远方，另一个世界的光辉正在照耀大地。

达尔文用“另一个星球”称呼热带，显然把热带划在了文明世界以外。但他没有说明，这“另一个星球”，究竟是神创的，还是自然进化而成的。总之，它肯定不是人类的产物，不属于文明世界，用庄子的话来说，便是“天而不人”。人们对热带情不自禁的赞美，或多或少有几分“天而不人”的意味。一旦用人的尺度来衡量，将人本主义的文明世界的原则应用于热带，便如庄子说的“七窍开而混沌死”，热带就在文明开化中崩溃了。

我们认为，洪堡、达尔文等人对热带性的赞美，亦适用于我们对河姆渡人的看法。在热带性里，文明初曙的河姆渡人，曾经享受了洪堡、达尔文等人极力赞美过的热带性的美丽和富饶。同时，也因了小冰期的到来导致热带性退出，使得河姆渡人也随着“文明的热带性”不适，而退出了文明的进程。寒流入侵，终结了“文明的热带性”，文明转向温带和亚热带发展，向以农业为主导的新型产业文明转型，终于撕裂了脆弱的热带性。

美国学者贾雷德·戴蒙德在其著作《枪炮、病菌与钢铁》中，谈起“牲畜的致命礼物”时，就提到了“农业的出现如何会成为群众传染病形成的开端”，他在书中说到，农业社会的人口密度和农业生产方式产生的病菌，对于从狩猎采集向农业生产转型的族群来说是致命的，给文明带来了不确定性。以此，我们猜想，河姆渡人消失，很可能就是遭遇了农业文明产生的病菌入侵，在文明的试错中，农业文明的始作俑者，成了牺牲品。

农业生产方式对自然经济发动了致命攻击，刀耕火种，毁林开荒，破坏自然形态是显而易见的，由此带来的生态系统的变化对自然秩序的破坏性影响隐蔽而深刻。尤其农业微生物引发的病菌，对自然界微生态循环系统的破坏，可以说是人类以文明的方式不经意开启了传染病的一个源头。疾病流行，对于初民是灾难性的，他们不知疾病为何物，其于生死，所悉知者，乃是习惯性的自然生死，谁知病菌带来生死，怎见死亡还会传染？

在文明开化中，不知不觉，死亡就来了！他们不知死亡从哪里来，还要往何处去，更不知死亡几时来几时去……文明的缘起，原非天赐福祉，乃不得已而为之。

但凡新生事物，初始，多为文明禁果，人类好奇，而欲尝试，或引发文明冲突，或修成文明正果……河姆渡人便如此，不断地试错而发现稻子，发明农艺，而后，也因为好奇，而不断尝试，终于自食其果。被热带性恩宠了两千多年的河姆渡人，根本不知农业文明的病菌为何物，要是早知如此，难道就会何必当初？在“牲畜的致命礼物”里，戴蒙德列举了一些农业文明的动物性疾病：与牛有关的疾病，有麻疹（又叫牛瘟）、肺结核、天花；与猪、狗、鸭有关的疾病，有流行性感冒、百日咳；与禽鸟有关的疾病，有恶性疟疾等。这些动物，都被河姆渡人驯养为“牲畜”，同样也给河姆渡人留下了“致命礼物”……

河姆渡人消失，有多种说法。或曰为异族入侵，可遗址未见有杀戮痕迹；或曰为海侵，然而，说一个能猎鲨捕鲸善于航海的族群亡于海侵，理由似乎也不够充分；能否有一种新的说法呢？受那位美国学者的启发，我们也想到了“病菌”，也许真的是因为文明自身产生的病毒毁灭了那个创造该文明的族群。如果说上帝创造世界，是一个完美的一次性的理性安排，那么人类缔造文明，则必须在不断的试错中进行，或经由某个族群，或出自某一部分人，因其好奇，总是尝试，所以，不断成为试验的牺牲品，这当然也适用于河姆渡人。

黑陶多角沿釜，浙江余姚河姆渡遗址出土，河姆渡文化一期

羊形陶土塑，浙江余姚河姆渡遗址出土，
河姆渡文化一期

兽形陶土塑，浙江余姚河姆渡遗址出土，
河姆渡文化一期

猪形陶土塑，浙江余姚河姆渡遗址出土，河姆渡文化一期

在文明的试错中，农业文明成了牺牲品。猪、狗、羊及水牛都被河姆渡人驯养成“家畜”，也许它们身上携带的病菌，成为赠给河姆渡人的“致命礼物”。我们在河姆渡文化遗址中，发现了家养农作物和牲畜的遗物或骨骸。

07

该隐后遗症

—— 国家便是伊甸园里的那个禁果

河姆渡人过着“富饶热带的神话”生活，“天放”了大约两千年。

当文明古国来临时，他们还在“拒绝成长”，享受“不发展的自由”。但他们终于消失了，取而代之的是良渚人。良渚人不得不用生产代替狩猎采集，将河姆渡人的游戏规则发展为良渚文化的生产方式，使以狩猎采集为主的自然经济转向为以农业为主导的产业经济。在河姆渡遗址的最上面一层，覆盖着良渚文化的遗存，这说明，良渚文化取代了河姆渡文化，但没有任何迹象表明河姆渡人被良渚人征服、取代了。也许它以经济转型的方式完成。

河姆渡人为稻作农业的兴起准备了一套成熟的农艺，当农艺活动向农业经济转型时，河姆渡人却消失了。消失的原因，很可能是由于文明试错引发的病菌所传染的疾病，河姆渡人就是在文明试错和经济转型的关头上消失的，它提醒着当下的我们，在文明进程的洪流中，应当采取文明保守主义的立场和原则来保卫文明本身以及人类的基因。

经济转型，是最为深刻的革命，尤其从自然经济向产业经济转型，从自然食物链以外开辟新的食物来源，这表明人类从自然王国向自由王国迈出了第一步。

汤因比在其所著《历史研究》之“波利尼西亚人、因纽特人和游牧民族”一节里，提到了古代希伯来人的一个传说。传说中，亚当和夏娃生了该隐、亚伯两兄弟，一个种田，一个放羊，他们都向耶和华奉献产品，该隐奉献农产品，亚伯奉献头生的小羊和羊脂油。按道理，耶和华应该一视同仁，但耶和华却表现出明显的价值偏好，对亚伯的奉献表示感谢，对该隐的奉献则无动于衷，这就使人不禁要问，为什么会有如此差异？

汤因比在书中，给出了一个解释，那就是“游牧生活，的确是人类技艺的一个胜利”。他认为，牧人比农夫“拥有一门更好的技艺”，因为“驯化动物比起种植物来，是个较为高级的文明形态”，而这也就成为亚伯的奉献能得到上帝称谢的原因了。

汤因比的这一说法，虽然很有想象力，但未免有些随意，未曾深虑。牧人与农夫，技艺孰优孰劣？这不是基于想当然的常识就能立论，用一两句话就能打发的。要从文明的源头去看，对文明的进程，要用一把历史的尺子，对不同的阶段做深入考察。

谈历史，不是有个“四大文明古国”的说法吗？试问，作为文明古国的埃及、巴比伦、印度和中国，有哪一个不是以农业为主导而立国呢？若此言不虚，我们是不是可以说，农夫的力量和技艺以及农业生产方式，对于国家的形成和发展更为有利呢？

再说，汤因比何以见得耶和华对亚伯奉献的称谢是对牧人技艺的认可，而非一种价值取向呢？须知文明古国方兴之日，正是人类文明异化之时，从神话到历史，便是个这样的结局。

“文明古国”的出现，宣告了权力意志的胜利，权力意志获胜，神话也就终结了，被史官文化代替，英雄让位于帝王，历史也就随之而开始。

文明以农业为主导，古代国家以农民为主体，这当然可以说是农夫的胜利。胜利，主要取决于粮食，能稳定地生产足够多的粮食，不但要靠先进的生产工具和技艺，更要靠聚族而居的社会生活和集体劳动的生产方式，用组织化和制度化的文明体系确立国家权力对土地与人口的支配，也就是“溥天之下，莫非王土，率土之滨，莫非王臣”。

一般来说，定居的农民，能集中反映权力意志的要求，他们是权力的缔造者，也是权力的崇拜者和追随者。无论神权，还是王权，无论国权，还是族权，抑或君权和民权，他们都能缔造出来，转成习俗，化为观念，建立政权，无论种种，均安然接受。

农民对于权力的想象，乃基于对土地的渴望。“溥天之下，莫非王土”，“王土”非一家私有，而是公有，可以“溥天之下”来分享。但前提必须是“率土之滨，莫非王臣”，能够分享“王土”的“王臣”，当然也就是农民权力想象图景中的“公民”了。

这般图景所展示的，现在看来，就是一条人们常说的“通往奴役之路”。

本来，在人之初的伊甸园里，既无奴役，也无自由，人只是自然的一部分，要按照自然法则生活。可人为万物之灵，还有自由意志，要自然，还是要自由，人做了取舍，人非一般动物，岂能被食物链束缚？为了自由化的生活，哪怕必须试错！文明一再“试错—证伪”，不知要经历多少个世纪，有如沧海桑田一般，方能结出那么个文明的正果。

第一个正果，当然是“国”。“国”的形态，从古国到方国，从方国到王国，从王国到帝国，这便是“文明古国”按照自身的逻辑所呈现的发展的历程，由此来看历史，我们就发现，本来，向自然宣告人类自由意志的国度——古国，在征服自然之后，反过来征服人自身了。人以粮食生产摆脱了自然的食物链，却以社会分工形成了新的食物链，这样，古国就发展为帝国。

汤因比谈到游牧民族的来历时，指出了一条从绿洲到草原的来路。

当气候变得越来越干旱时，那些本已定居在绿洲上的欧、亚人，就必须一而再，再而三地回应寒冷与干旱的挑战。他们要么逃走，作为移民去寻找新的生活彼岸，就像被他们祖先早已舍弃的游猎生活一样；要么坚守，但必须转型，要放弃原来在绿洲上定居的那一套农耕生活方式。汤因此称他们“孤注一掷”地带领着家属和牲畜，利用新的驯化技术，深入草原畜牧，把辽阔的草原，变成了新家。

汤因比的说法，只说到了天灾那一面，还有人祸，那也不能不说。

所谓“人祸”，无不起于对“国”的争夺，“国”，就是伊甸园里的那个禁果，被人拿来你争我夺，修成了权力意志的恶果。失败者，被“国”驱逐，太史公说起匈奴的来历，便说是夏桀的子孙，逃亡大漠，转化为游牧民族。古希伯来传说中，该隐杀死亚伯，不仅是个宗教信仰的寓言，更是一个有关政治文明的预言。它不但预言了农耕和游牧的文明冲突，更预言了禁果——“国”的权力意志与自由意志斗争的历史发展道路。在文明起源时留下的那个病根，我们称之为“该隐后遗症”，历数千年，仍以一种原型的力量发挥其统治的机能。如此原型，或应同样出现在中国的史前文明，我们不妨到良渚去做一番探寻。

双耳宽沿陶釜、陶炉箅，上海青浦崧泽遗址出土，马家浜文化

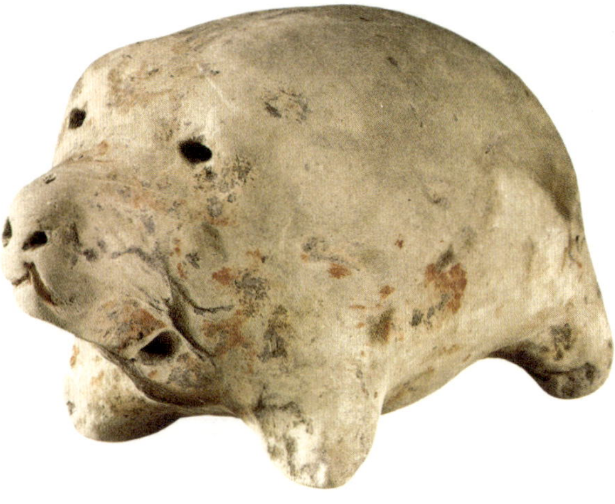

陶猪，上海青浦崧泽遗址出土，马家浜文化

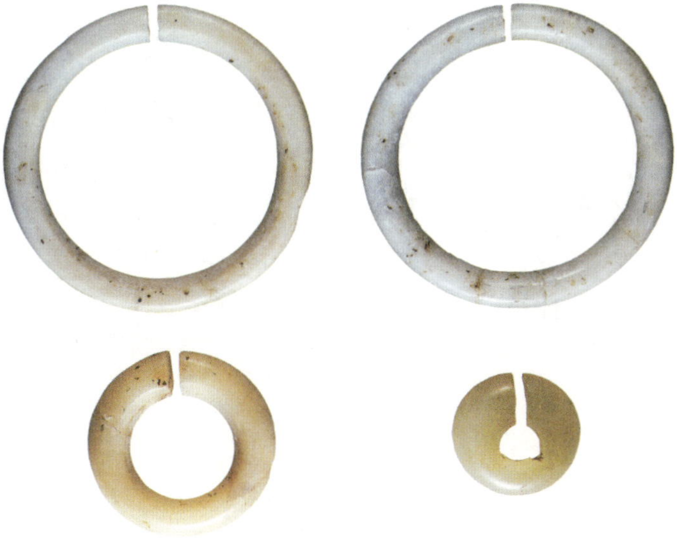

玉玦，直径 3.3 ~ 7.8 厘米，孔径 1.3 ~ 6 厘米，浙江杭州余杭良渚梅园里出土，马家浜文化

彩绘陶豆，上海青浦崧泽遗址出土，马家浜文化

鸡心形玉璜，上海青浦崧泽遗址出土，崧泽文化

舌形带槽石斧，上海青浦崧泽遗址出土，崧泽文化

猪形陶匜，上海青浦崧泽遗址出土，崧泽文化

在“国家”这个文明组织出现以前，河姆渡人突然消失了，取而代之，良渚人在太湖流域兴起。良渚人的文化遗址迹范围，东临大海，北达长江，西至茅山山脉，南靠天目山麓，自然条件优越，是古文化遗址分布最为密集的地区之一。发展序列为马家浜文化—崧泽文化—良渚文化—马桥文化。上述文化演变有序、自成体系，构成太湖流域大区域块的实体，同时与周边或更远地区的古文化有着频繁的交流和融合。距今约七千年至六千年的马家浜文化，与杭州湾以南的河姆渡文化几乎同时期，这里也是稻作农业缘起之一地，与鱼米之乡生活相关的陶器组合非常丰富，诸如腰沿釜、

细刻纹阔把陶壶，上海青浦福泉山良渚文化墓葬出土，良渚文化

双目圆锥形足、鱼鳍形侧足的鼎、带嘴或流的侧把盉、喇叭状圈足豆、牛鼻形器耳罐等；工具有穿孔石斧、石锛，骨、角制作的勾勒器、靴形器；有少量的玉块、璜、管、珠出土，表明玉文化开始萌芽。距今约六千年至五千三百年的崧泽文化时期，太湖流域的陶器中鼎几乎成了唯一的炊器，豆的形式极富变化，还出现了大量新型陶器、玉礼器，以及有祭祀活动频繁的迹象，初露文明曙光。距今约五千三百年至四千年的良渚文化，将太湖流域的史前文明推向了一个高峰。犁耕农业出现，手工业专业化，制陶术更加先进，大量玉制祭祀礼器、大型礼仪性建筑以及不同等级身份人清晰的分野——似乎显示了一种新型组织形式的出现。

第3章

良渚化世界

01

两种太阳神

—— 神的统一性和唯一性

作为文明古国，最起码要有两个属性，一是传世性，另一是传播性。

说起来，苏美尔文明最早熟，比所谓“四大文明古国”都早，盖因其失传，故未列古国之名。近人知其所以然者，非由文明传世，乃求诸考古，被考古发掘出来。

传世性，应当包括传说；若仅以文献为据，让“有册有典”的殷商代表中国出场，即使忝列末座，其“年代资本”都不及格，充其量也就与古希腊差不多，难与古埃及、巴比伦、印度并驾齐驱。若以传说为本，如孔子所谓“祖述尧舜”者，中国历史的传世性或不至于落伍。

或如庄子所言，有所谓“神农之世”者，那就同那些文明古国同步了。“有册有典”的那个王朝中国，追溯到殷墟也就到头了。还有个传说中的夏，也在通过考古逐步反映出来，寻找夏墟，成了考古学的一个重要目标，还有比夏墟更早的尧舜之世，比尧舜更早的神农之世，也在考古中找到了能与传说相呼应的遗址遗物的依据，例如，从陶寺文化遗址中，我们仿佛看到了传说中的那个“尧都”。从良渚文化中，我们还看到了那个以农业为基础的国度——“神农之世”；若欲坐实中华文明古国的底子，试以良渚文化为据。

战国时期，楚有隐士鹖冠子，因常戴鹖羽之冠，人称鹖冠子，有《鹖冠子》一书传世。书中，有“王鈇”一篇曰：“泰上成鸠之道，一族用之万八千岁，有天下兵强，世不可夺。”宋人陆佃解作“成鸠，盖天皇之别号也”。如此看来，那“鹖羽之冠”，岂非就是“成鸠之道”的标志？而“鹖冠子”，理所当然，也就成了“天皇成鸠”的私淑弟子。

“天皇成鸠”，让我们一下子就想起了河姆渡人的灵性标志——“双鸟朝阳”，真还就有那么点儿“天皇成鸠”的意思。可《鹖冠子》说“成鸠氏兵强”，则与河姆渡人的和平景象迥异。那么退而求其次，接下来便是良渚人，让我们来看看良渚文化的神徽。

周膺在《东方文明的曙光——良渚遗址与良渚文化》一书中谈到，良渚人的神徽，由神面、人身、兽肚、鸟爪组成，其中，人身与鸟爪明晰，至于神面，顶端凤字弓形冠，或曰为日光带，或称之为鸟羽，合起来看，倒像个“天皇成鸠”的样子。徽中，人之双臂如鸟之两翼张开，双腿屈曲蹲踞而以鸟爪收束，如此造型，显而易见，是以鸟为原型。

良渚文化里，最重要的便是玉器，而玉器之中，要紧的则是玉琮和玉璧，它们是良渚人用来法天象地的神器。玉琮上，多刻有以鸟为原型的神徽，而玉璧上，则直接刻有写实的鸟纹，故又称鸟纹璧。都说人是“万物之灵”，那“灵”的视觉形式，便是鸟了。

鸟是人类导师，当人开始直立行走时，就将头顶上那一片存在，叫作“天”。天上，除了日月星辰，还有风霜雨雪云雾雷电等自然现象。能上下天地与人交往者，唯有飞鸟。人之初，以对鸟的观察，同鸟交往来知天时、明节气、辨物候，获得对天的认识。不过，人类对于鸟的期待，是从人自身的需要出发的，远远超出鸟本身所能提供的。这时候，人就用想象力演绎观察，将看到的实际情形在想象中放大，正所谓“大而化之之谓神”了。

比如，既然天对于人具有决定性的作用，而有关天时——四季变化的信息，又是鸟带来的，所以，既然候鸟先知，那么鸟就应该成为预言者来交通天人之际；既然日月星辰看上去不动却又在运行中，那么就必须给出一个能运动的理由来解释，而天空中唯一可见的能动的物体便是鸟，因此，鸟，就成了天体运动的原因，在有关太阳神的崇拜中就出现了鸟。《山海经·大荒东经》里有"一日方至，一日方出，皆载于乌"的说法。"乌"就是鸟，是太阳鸟，据说有三足，人称三足乌，经常蹲着，看起来就像良渚人神徽里的鸟样。

周膺认为，这个神徽，便是太阳神的标志，而且是"一神教"的标志。

他这样一说，便将"一神教"的出现，提前了大约两千年。通常，我们可以确认的作为宗教信仰的"一神教"应该晚出，因为神话是泛神论的，在神话基础上建立起来的宗教，相应的也应该是多神教，表现为怪力乱神，将众神化为一神，要经过理性化。

历史上，已知的最早的一次宗教革命，就出现在古埃及王国，那是从多神教向一神教转型的革命，革命的发动者，是第十八王朝的法老阿蒙霍特普四世。他在古埃及人的宗教信仰中，引入阿顿神。与传统神祇不同，阿顿没有人形，而是太阳，发出创造宇宙的光芒，哺育万物生长。人类的宇宙只有此神，它是唯一的神。阿蒙霍特普四世以此推翻阿蒙神，开启了一神教的革命。为了革命，阿蒙霍特普四世改名为"阿肯那顿"，意为"对阿顿有益者"。在《亡灵书》里，他对着那从地平线上升起来的光芒万丈的太阳——他的唯一真神，深情呼唤：

而我也在我的心中找到了你，
我，阿肯那顿，发现并向你顶礼。
你的黎明是生，你的黄昏是死，
请你在伟大的清晨举起我，你的孩子。

还以《阿顿颂诗》，为他和他的王后，向唯一真神发出终极祈求——永生：

你确已创造了大地，
为你的儿子使它成长。
他就是自你身上走来的孩子，
上下埃及之王，阿肯那顿
和他的王后尼弗尔蒂提。
永远活着，永远年青。

阿肯那顿的革命，不光推翻了传统阿蒙神，还彻底地推翻了传统。但结局却是，这位君王一死，革命就终结了，众神复辟，一神被打入冷宫。可意味深长的是，这位君王死后不到一百年，一场新的革命就已来临，那就是希伯来人的先知摩西率领人民走出埃及。

真正的一神教，就这样，终于诞生了！有人将阿肯那顿的宗教革命当作摩西创教的一个来源，有人甚至认为，《阿顿颂诗》与《圣经·诗篇》有着某种相似之处，照这样说来，一代王朝的国王阿肯那顿就成了摩西的先驱。其实，两人各走各的路，全不搭界，失败了的阿顿是自然神，成功了的上帝是人格神，两种信仰，分道扬镳，各奔各的前程。

如果还有比阿顿更早的一神，那便是良渚人的太阳神。不过，良渚人的一神，是未经分化的统一性的神，包含了自然神和人格神。将以人、鸟、兽为代表的万物有灵的神性，在太阳普照的光芒下统一起来，只有太阳的光芒具有这样的统一性。可阿顿，已不需要统一性，它不再统一众神成为更高的神，而是要取代众神成为唯一的神，用太阳的光芒消灭众神的阴影。人格神对于唯一性的追求就更加彻底了，万物不能为神，因为那是造物者创造出来的；天地不能为神，因为那是开创者开辟出来的；太阳也不能为神，因为太阳的光芒也是被那最高的存在、唯一的真神所赋予的；人也不能为神，所有关于人的神话都是假的。

良渚人的太阳神，没有走上这条分化的路，即便后来有殷人以祖先为源头发展出人格神的上帝观念，但也并未排除其他神祇，而是试图一统神祇，不求唯一，但求统一。因了理性觉醒，周人用必然性的天命取代人格化的上帝，诸子又以天道深化了天命，但，不管理性如何进展，中国人的观念里都保留了那个“万物生长靠太阳”的神性思维的原型。

造神的原始形象以及神性的原始力量，就来自太阳的光芒，我们现在称之为“图腾”的那些玩意儿，统统都要放到阳光下来，由人格神来统领。后来，鸟儿变成了凤，兽之种种，被统一为龙，而人格神的形象，则转化为现实中的王，名曰“天子”，中国传统政治文化里那核心的几样东西，原来都是从这里转化出来的，这就是所谓的“原型”了吧？

若以良渚文化为起点，中国作为文明古国的资历和资格应该都够了吧？可良渚文化的“国”，究竟是个什么样子的“国”？有人说是“玉礼巫政之国”，也就是说，良渚人早就在他们的“通灵宝玉”的玉作上，建立了一套后来孔子所说的“立于礼”的礼制。

谈到玉，有比良渚文化更早的：在中国北方的红山文化里，考古人发现了八千多年前的玉，可要说到玉文化，则非良渚人莫属了。在青铜时代到来之前，玉器可是一个国家的综合实力的反映。我们知道，玉为石之坚者，石之美者。治玉的能力，虽然反映了以石器制作技术为标志的生产力的水平，还反映了以石制兵器为主的战斗力的状况，以及以玉礼等级形式反映了一国的社会发展、制度化程度，但从根本上来说，还是由玉的物质属性所决定的审美功能，且对玉的审美共识所提供的文化认同，形成了礼玉文明的文化中国导向。

《鹖冠子》里，那个“成鸠氏之国”，也许就是良渚文化神徽中属于鸟的那一部分。其中“王鈇”第九，就有“成鸠氏”手握“王鈇”——王权的斧钺，而此标志，在时间和空间上，对应的便是良渚文化，时间是新石器时代晚期，空间就在中国东南一隅。

当然，这些都是大约的，大约说来，“成鸠氏之国”或为良渚文化的一支，应该说得过去，不仅在时空架构上大体合适，而且文化标志略为一致。良渚文化反山墓地12号大墓主人左手边那件举世无双的玉钺，应该就是《鹖冠子》里所说的“王鈇”吧？

“玉礼巫政之国”，是从国家属性上来说的，《鹖冠子》由战国人书写，对于国家本质的理解自然离不开那个“战”，一切历史都是当代史，战国人用了他当代性的眼光来看上古文明，看到的多半就是战争，那是用青铜时代和铁器时代的观点来看玉器时代。

反山 12 号大墓里出土的玉琮“琮王”神徽

良渚文化位于杭嘉湖平原西南部，在天目山余脉的一块谷地里，遍布杭州市余杭区良渚、瓶窑、安溪三镇，面积约 30 平方公里，年代距今约五千三百年至四千五百年，1936年于良渚发现并开展发掘，按惯例即以此地命名。至20世纪八九十年代，又相继发掘了吴家埠、反山、瑶山、庙前、汇观山、莫角山、塘山等遗址，有祭坛、大型礼仪址、防洪遗迹、贵族大墓等，其等级之高、规模之宏大、遗迹之丰富，为良渚文化之最。莫角山遗址发掘出良渚人工夯筑的基址，面积超过2万平方米，上面有成排柱洞。基址夯筑之高达半米，柱洞直径从半米到一米不等。基址位于遗址群核心，考古人员据此断定莫角山很可能是显贵集团行使宗教、政治等祭典的礼仪场所。反山遗址有一座高5米的人工堆筑的熟土堆，总面积2700多平方米，有11座大墓，出土1200多件文物，其中大多是玉器。玉器制作之精良、品位之高居良渚文化之首。“琮王”与“钺王”所谓国之重器皆在此地出现，象征神权、军权和财富，地望上有“良渚王陵”的气势。瑶山遗址出土了良渚最壮观的祭坛，人工营建面积超过5000平方米，有8件玉琮，6件玉钺。瑶山墓地很可能是巫觋身份的葬所。从以上出土概况来看，良渚遗址有王城、王宫祭台等公共空间，公共空间需要公共组织和公共权力，玉钺是王权代行公共权力的象征。

反山遗址出土的“琮王”阳刻纹饰，应该是良渚人的唯一神，是未经分化的统一性的神，包含了自然神和人格神，将以人、鸟、兽为代表的万物有灵的神性，在太阳普照的光芒下统一起来，只有太阳的光芒具有这样的统一性。

古埃及浮雕

这一刻在石灰岩上的浮雕，表现的是阿蒙霍特普四世（阿肯那顿）和尼弗尔蒂提在太阳神阿顿的保佑下与他们的女儿快乐地玩耍。象征生命的阳光直接照射在这对皇室夫妻的脸上。阿蒙霍特普四世是古埃及新王朝第十八王朝法老，公元前 1379 年至前 1362 年在位。

玉鸟，反山遗址出土

良渚文化中，鸟与太阳有着密切的关系，鸟是太阳的坐骑，鸟是太阳的灵魂，鸟是太阳的生命。良渚人认为它们是一体的，因此，他们的太阳神鸟头戴鹖冠，鹖冠亦如太阳光芒。有一部书《鹖冠子》，成于战国晚期，据说鹖冠子是楚人。他隐居深山，以鹖为冠。无独有偶，良渚文化遗址出土的太阳人神徽，就如同头戴大鹖冠的鹖冠子，而且鹖冠神徽刻在良渚遗址中的多种玉器上，包括玉斧。鹖冠也许是可供猜想的一点儿线索，如“良渚王陵”反山遗址，出土的玉权杖组件上，有大羽冠的人神像，不知是否就是那位“成鸠氏”手握“王鈇”——王权的斧钺呢？从良渚反山遗址出土的玉钺来看，它们是否是重见天日的失踪王朝呢？

02

土贡的国家

—— 从良渚文化看国家起源

良渚文化的国家形态，究竟是个怎样的样子？

它怎样从上古文化里发展出古国，又怎样从古国走向方国？

它是否有可能从一隅之地的方国，开显出一个后来形成的中原地理王国的端倪，乃至于发展出一个以王土、王城、王制为架构的王朝国家的雏形呢？

要回答这些问题，我们就得将在史前漫游的目光，定位于围绕太湖流域分布的东南良渚文化遗址，找到一个聚焦点，来看良渚文化为国家起源做了哪些准备。

从遗址的基本面来看，站在国家起源入口处的良渚文化，基本上形成了后来吴越文化的格局。其文化分布，跨越钱塘江两岸，兼有杭州湾南北，将原来马家浜与河姆渡两个地区的文化统一起来，看着颇似唐宋之间的吴越国，但比吴越国更有进取性。

吴越国雌伏于中原王朝，而良渚人则似楚人问鼎。楚人一问，问出了鼎的重要性，而其根源，亦可追溯到良渚人。鼎，作为史前文明的标志性器物，在良渚文化中当为翘楚。鼎之于陶，如琮之于玉，皆为大器，都有一种“大而化之之谓神”的趋势。琮之于礼制，鼎之于国体，都体现了这一趋势。以琮礼神，以鼎立国，就从良渚人开始。

礼神一说，已是常谈，鼎立一事，从何谈起？通常，我们都说“禹铸九鼎”，一个“铸”字，就说明了鼎为铜器。也许，那是因为我们已习惯了鼎为铜器，便用了个“铸”字来定性，如果我们把它和城市出现、文明古国起源联系起来，那就不妨用个“筑”字来替代。“筑”土为鼎，造就个三足鼎立的土台城基，来为文明古国的起源做准备。

良渚文化的莫角山遗址，就是这样一座具有标志性的土鼎之城。

莫角山遗址，是良渚文化的一个大型土台遗址，遗址平面略呈长方形，东西长约 670 米，南北长约 450 米，面积超过 30 万平方米，地势高出周围农田 3~5 米。大土台上，又“筑”了三个小土台，即西北小莫角山、东北大莫角山、西南乌龟山，面积大的超过 1 万平方米，小的将近 5000 平方米，高于大土台台面 2~3 米，摆了个鼎居的架势。那架势，没摆在山头上，也不在平地上，而是在沼泽里。大土台居然是从沼泽里填出来的，这需要多大的土方量？有人估算了一下，认为这座大土台的用土量大约 200 万立方米。

对此有兴趣的读者，可以去读一下吴汝祚、徐吉军的《良渚文化兴衰史》，其中，有关“建筑”的一章，就谈到了人工堆筑的大土台工程的用土量问题。这么大的用土量，需要用多少人力呢？其实，这还只是良渚古城的一部分，当然是中心。那么整个古城有多大？围绕着莫角山遗址，古城布局略呈圆角长方形，南北长 1800~1900 米，东西宽 1500~1700 米，面积 290 多万平方米。这般规模，已堪称一国，可赵辉在《良渚的国家形态》一文中指出，最近发现，古城还环绕一外城，使得古城面积倍增至约 800 万平方米。

有意味的是城墙，城墙底部，垫石为基，基础以上，均以黄土堆筑。

可良渚本土以灰黑淤泥为主，此土，显然由“外地”搬运而来。然此“外地”何在？似应追问。这些黄土，出自良渚文化区域内部，还是从区域外部运来？我们注意到，良渚文化四个聚落群——良渚－瓶窑聚落群、嘉兴聚落群、苏南－沪西聚落群、江阴－武进聚落群都在江南，其他三个聚落群，同良渚古城所在的良渚－瓶窑聚落群的水土一样，也不属于黄土地带。因此，那些堆筑的黄土，基本上可以断定为来自良渚文化的外部。

严文明先生在《略论中国文明的起源》一文中，指出大汶口文化后期墓葬的几个特点，其中提到这一时期的墓葬中，随葬石钺甚多，大墓或有玉钺陪葬，可见对兵器的重视。他认为，这是“掠夺性战争经常发生的一个证据”。通过对江苏新沂花厅村遗址考察，他发现，在有些大墓中，除随葬有大汶口文化器物外，还有大量的良渚文化的器物。

因此，他断定，这应当就是“良渚文化某部落远征花厅的象征”。其实，这样的推论，是借助了时下流行的国家学说的暴力背景的一面，忽略了国家起源中还有正当性来源的一面，惯性地就把玉钺放到暴力的背景中来看，就把《鹖冠子》说的“兵强，世不可夺”的“成鸠氏”看作良渚文化的一支，把它同江苏新沂花厅村遗址里出土的良渚文化的器物相联系。其实，玉钺和青铜钺有着完全不同的物质属性，由此属性所反映的国家意志也截然不同。玉的属性几乎跟暴力绝缘，而青铜则是为了暴力的要求而产生的。同样代表国家权威，玉钺是以文化认同代表着以审美为基础的信仰的国度，表达了人性中的善良天使那一面；而青铜钺则高举国家的暴力属性，强调了国家统治一切的权力意志和制度化的等级安排。也许良渚古城的黄土就从新沂花厅村遗址来，却不一定是通过战争得来的征服的成果，更有可能是基于文化认同的政治地缘的结合，是良渚文化与大汶口文化相互结合的政治成果。

就中国黄土的分布情形而言，黄淮流域的苏北新沂应当属于黄土地带。《尚书·禹贡》里有“禹别九州，随山浚川，任土作贡”一说，后世所谓“土贡”多以各地土产视之。唐颜师古注《汉书》就说“物土贡者，各因其土所生之物而贡之也”，这也就是“任其土地所有，定其贡赋之差”了。说起“土贡”，尧那时就有，但因洪水遍地，而无法实行。禹来治水，使洪水入川，川入海，把个九州开辟出来，故“禹别九州”时，“土贡”很可能与“国”的起源有关。大凡古代国家起源，都必须在一定的赋税徭役的基础上，“贡赋”指纳税一面，“土贡”还有服役一面。各地民众，带着本地的土——“本土”，为了建“国”而服役。

我们知道，汉字中“国”的象形，是用墙围着的城，其中有持戈的士兵。造城之时，便是建“国”之日，以“土贡”造城，表明贡者的联盟身份，显示了贡者对于“国”的政治认同。因此，我们认为，“国”非成于禹时，源头在良渚古城，禹顺势而为——“从东南往西北”，“任土作贡”，在中原立“国”。合九州“土贡”，筑成一“国”，意味着九州对“国”的认同，表明了一个统一的政治共同体的形成。其国家形态，亦为联盟式，最高权力为王权，“王”字象形，跟钺和玉都有关。国中有个王权所在的“宫”，有人居然从良渚古城遗址里看到了这样的“宫”，说：城墙围着大土台，就像“宫”字下面的那个大方块，土台上建宫殿，则是大方块上立小方块，而宫殿之屋顶，恰似“宫”字头上的大宝盖。

有王权，有宫殿，就有了个“国”的文明样式，标志着文明古国的起源。严文明说，“国”之初起，小国林立，号称“天下万国”。“万国”之中，有多国簇拥一“国”，是为中央之“国”，中心之“国”，此为“中国”之缘起。290 多万平方米的良渚古城，应该就是一个“中国”，它是我国远古时期，规模最大的一“国”。古城内外，有宫殿和码头，有墓地和祭坛，还有陶、玉器作坊，这一切，都是经过规划，而各有其职能与分工。显然，这是一个通过地缘政治产生的政权，而非以血缘为基础自然形成的氏族。有分工，有规划，便已进入文明社会，国家跟着也就产生了，我们所见良渚古城，已俨然若一国都。据说，当年苏秉琦先生来到良渚，端坐在莫角山的土墩上，眼望四周，沉思道：“就是这里！”

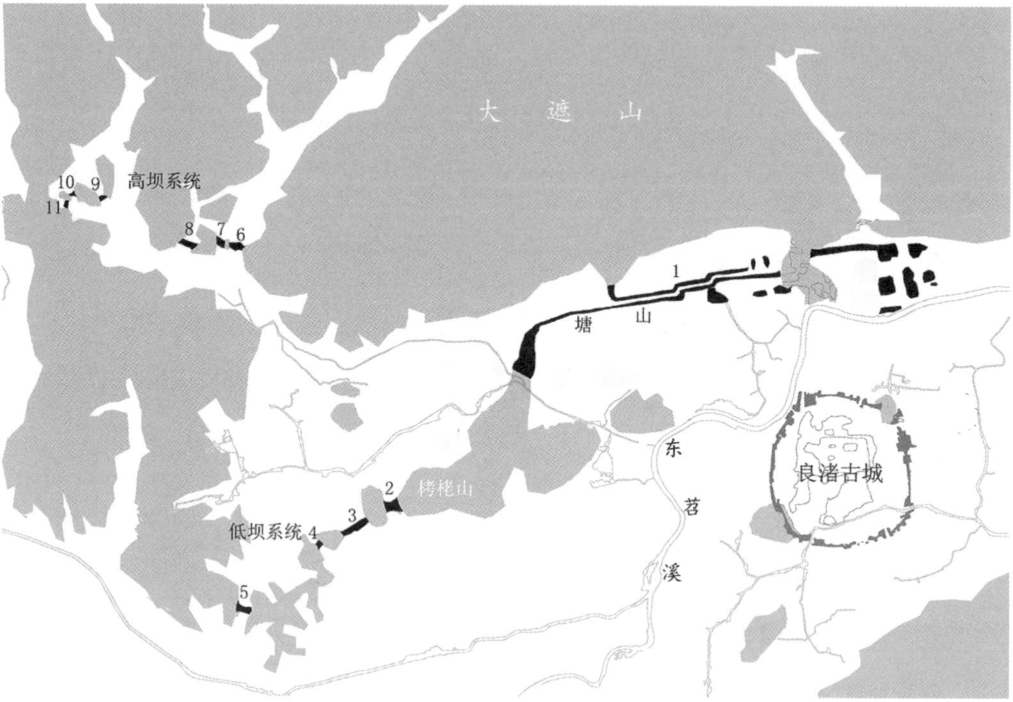

良渚古城示意图

良渚文化遗址群截至目前的发掘，有古城墙、祭坛、大型建筑遗址、墓地、大型防护性工程、村落、码头、玉石加工作坊等，共同架构了一个聚落或者社会型组织模式。良渚古城，以莫角山为中心，从大兴土木中，我们看到国家形成的雏形。此外，反山的王陵、瑶山的祭坛、玉架山的环壕、卞家山的码头遗址、彭公岗公岭的水坝遗址等，都是国家的土性表现。

石破土器，浙江杭州余杭区瓶窑镇出土，良渚文化

石破土器，浙江杭州余杭区双溪吴山出土，良渚文化

1992年，考古学家在莫角山发现人工夯筑的巨型宫殿遗址，东西长约670米，南北宽约450米，面积超过30万平方米，堆积厚度10多米，构成一座长方形土台，已经带有集权趋势的礼制化工程特征。15年以后，考古学家又发现了良渚古城以莫角山为中心，环绕宫殿的古城墙。东西长约1700米，南北长约1900米，总面积约290万平方米。墙体主要由黄土堆筑，底部铺垫石块做基础，基部宽40~60米，有些地表上还有高达4米的残垣，城墙外有外壕，城墙内外均有河道水系，现已发现6个水城门。据相关考古专家推算，该城墙土石方约120万立方米，莫角山约350万立方米，按3人一天完成1万土方，大概要1万人工作4年才能建成这样一座宏伟的城墙。良渚人迈进了城里，走近了王国文明形态。

反山 12 号大墓里出土的玉琮被誉为“琮王”，浙江省文物考古研究所藏

反山墓地遗址，位于余杭区瓶窑镇雉山村，在莫角山宫殿王城的西部，现存面积约 3000 平方米，原有高度约 7 米，土方量达 2 万立方米左右，是良渚先民人工营建的“土筑金字塔”。1986 年发掘了反山西部的约 660 平方米遗址，在距地表 1.6 米深处发现距今五千年左右的良渚文化大墓葬 11 座，墓穴宽、大、深，大多有棺椁葬具。随葬品包括玉、石、陶、象牙、漆器等 1200 余件（套），玉器占 90%；陪葬品类之丰富、玉器之精致为良渚文化之首。“琮王”“钺王”等具有权威暗示的珍品均出自反山大墓内。

从规格、规模来看，反山墓地的等级、地位和规格最高，很像“良渚文化的王陵”。

“琮王”并非良渚文化遗址中最大的玉琮，而是因它的浮雕神徽像而得名。“神徽”一现身，整个良渚文化遗址中各种玉器上简化或抽象的类似神徽的大小图案，便豁然而解。玉器是礼器，是传递精神的符号，玉器上有神徽，必是凝聚良渚人的精神偶像，是良渚人崇拜的图腾。这个最完整的神徽像其实就被雕刻在一件高 8.8 厘米、射径 17.1~17.6 厘米、孔径 4.9 厘米的玉琮上。

玉琮，形制大多为方柱形，少部分为圆形。良渚“琮王”，内圆而外方，圆孔对钻而成，有的孔壁经过打磨，圆孔的孔壁一般都高出其外围的四个方角，称为“射”。

玉琮出土时，大致位于墓主左肩上方，扁矮方柱体，正置。下端有取料时凹缺。内圆外方，上下端为圆面的射口，中有对钻圆孔，俯视如玉璧形。重约 6500 克。

柱体外琢刻八个神人兽面复合像，用浅浮雕和阴刻线两种技法雕琢。图像为头戴大羽冠的神人，脸面为倒梯形，双手扶持虎头，骑跨在虎身上。虎作蹲伏状，双眼圆睁，有鼻有嘴，獠牙尖齿，前肢屈膝蹲伏，利爪毕现。整个图像精细繁缛，含义神秘奇特，可称为“良渚神徽”。同时还刻有简化或抽象的神徽纹饰，以及八只神鸟纹，可谓“王者之器”。1986 年出土于余杭反山大墓，佐证了良渚人已经拥有自己的王国的猜想。

玉钺，反山遗址出土

多数石钺是实用武器，而玉钺则是礼器，象征墓主人拥有的军事权威逐渐演变为王者手中的权杖。一柄豪华型玉钺，往往由钺身、柲、龠（木柄的上端饰）、镦（木柄的下端饰）组成。有的还在柲上用细小的玉粒镶嵌出花纹。在良渚文化玉器中，玉钺出土最少，级别也最高，仅极少数的大墓有玉钺陪葬，而且一座墓仅一件。

这一玉钺组件，与“琮王”一样，出土于反山 12 号大墓。玉钺：长 17.9 厘米、肩宽 14.4 厘米、刃宽 16.8 厘米、厚 0.9 厘米、孔径 0.55 厘米。玉龠：高 4.7 厘米、宽 8.4 厘米、厚 1.35 厘米。玉镦：高 2.8 厘米、宽 8.3 厘米、厚 2.3 厘米。玉粒：每粒长约 0.5 厘米、宽约 0.2 厘米、厚约 0.1 厘米，为玉钺柲上的镶嵌装饰。出土时钺杖位于墓主身体左侧，钺刃朝西，龠、镦之间距离约 80 厘米，看来也不大，但它的“豪华阵容”却被称为良渚玉钺中的“钺王”，而且是唯一一件刻有神徽以及鸟纹的玉钺。神徽和鸟纹与“琮王”为同一纹饰，可见 12 号大墓墓主身份非同一般。

玉权杖之玉龠、玉镦，反山遗址出土，浙江省文物考古研究所藏

12号大墓还有一套玉权杖出土，而且是良渚文化玉器中唯一的权杖。权杖玉龠与玉镦部分的纹饰，尤为令人确信它与“琮王”“钺王”一同见证了墓主的王者之尊。玉权杖一套2件，由玉质龠和镦组成，呈东西斜向横亘于墓主上身部位，两者相距约55厘米。玉龠整体浮雕神人兽面纹，玉镦中空，外壁下周刻画一周四组的“变形鸟纹”，其下刻画神人兽面纹和椭圆形螺旋纹饰。

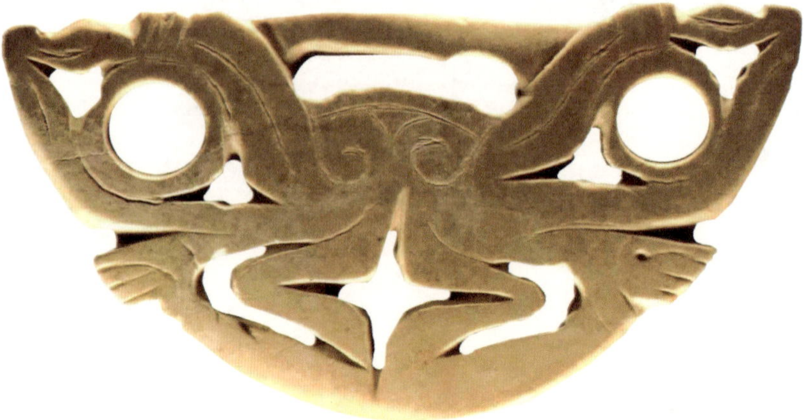

透雕玉牌饰，为神徽抽象变形而来，浙江杭州余杭瑶山遗址出土，良渚文化

头戴大羽冠神像的玉梳背，浙江杭州余杭瑶山遗址出土，良渚文化

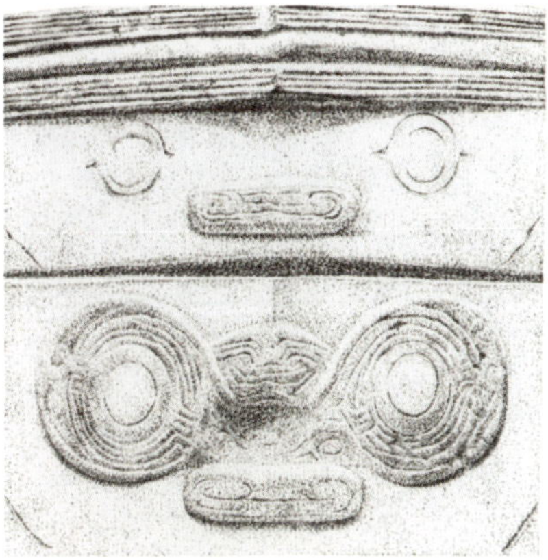

良渚文化中期玉琮上的“小眼－大眼面纹”

玉三叉形器，浙江杭州余杭瑶山遗址出土，良渚文化

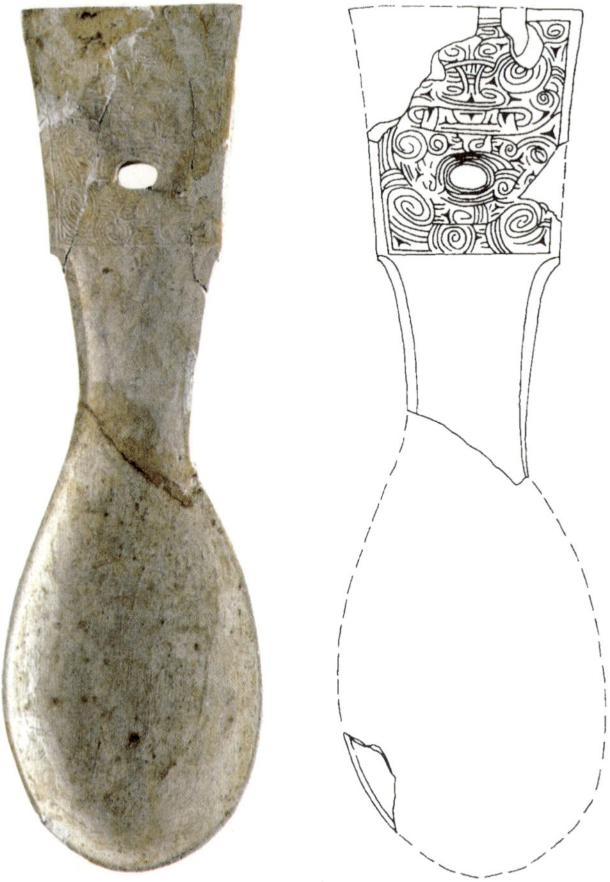

玉勺及其拓片，浙江杭州余杭瑶山遗址出土，良渚文化

玉三角牌饰，浙江杭州余杭瑶山遗址出土，良渚文化

象牙器，残长约 25.4 厘米，上海青浦福泉山高台墓地 9 号墓出土，
上面浮雕繁复的兽面纹，属于良渚文化神徽谱系

03

符号的契约

——汉字共同体的由来

苏秉琦先生当年那喟然一叹，显然就是冲着古代国家起源来的。

良渚文化造了个那么大的城，那城是否可做国家起源的标志呢？

或曰可，或曰不可。曰可者，以出土所见为据，可谓言之凿凿；言不可者，以为地下之物虽多，乃由不同时期的叠压造成，在混淆之中，难以确认其真实年代。

然正反之言，均为推测之词，都没有拿出决定性的证据。不过，差别在于，正言之物证层出，而反言之证据有一个就够了：请拿出二重证据法的文字依据来！

除了殷契，中国上古文明似乎还拿不出更早的文字依据，可殷契之文，亦非凭空而来，其渊源有自，自不待言。郭沫若《古代文字之辩证的发展》一文指出，仰韶文化半坡遗址所见彩陶上的刻画记号就是中国文字的起源，或为中国原始文字的孑遗。

很显然，他把刻在彩陶和黑陶上的符号，都当作中国文字起源的原始形态。但是，这样的刻画符号，还不足以作为国家起源的标志，这也是显而易见的。

不过，有人对大汶口文化的陶文符号，从“国家是文明社会的概括”

的角度做了探讨，认为距今五千年左右，大汶口文化发生阶级分化，以此产生了国家萌芽。那些“闪烁着文明火花”的陶文符号，恰在此时出现，刚好对应了古代国家起源的说法。

尤其是莒县陵阳河发现的那个“旦”字，于省吾释为日出景象，明显已脱离了刻符或象形范畴，进入了会意字的阶段。所以，裘锡圭先生认为，这样的字，跟汉字相似的程度非常高，它们之间似乎一脉相承。于是，就有人断定：太像后世的文字了！

但是，从整体上看，大汶口陶文，究竟处于文字的哪一个阶段上？则有待于进一步考定。从原始标记到形成文字，通常的说法是，其中有个“木刻—结绳—图画记事”的发展过程。显然，它已迈过这些阶段，从记事和表意符号向图画文字和象形文字进展，以至于超越象形，出现了会意字的萌芽，须知会意字在汉字六书中处于文字的高级阶段。

与大汶口文化大致同一时期的良渚文化，也产生了相似的刻画文字。

何天行在《杭县良渚镇之石器与黑陶》一文中提到，一椭圆形黑陶盘上的十个刻画符号，其中有七个字与甲骨文同形，有三个字与金文相似，这些字，“刻于原器口缘四周，并有锯齿形纹绘联络，故知其为文字而非绘画”。他还进一步指出，“这种文字还在初创时期，大约是从象形纹绘所演进的，由这些象形文字的形体来观察，不独比春秋时所传鸟篆等铜器铭刻为早，且当在甲骨文之先”。可惜的是，此物后来捐给故宫博物院，结果却丢失了。不过，陆陆续续有了一些新发现，类似的良渚文化陶符，又发现了五十多个。

浙江余杭南湖发现的一件黑陶罐上，有一连串陶符：动物、栅栏、网纹、石矢等，环绕器壁，横向展开。有人对照殷墟文字，释读为“张网捕虎”；也有人指出，那动物形象，望之不似兽王，倒像是长江边上的鳄鱼；还有人说，比对殷墟文字没有意义，因为，即使良渚陶文堪称原始文字，它走的也不是殷墟文字的路子，殷墟文字不可能从良渚陶文发展而来，正如汉语并非从古越语发展而来；更有甚者，居然断言，汉字的由来，根本就不是从各种类型的刻画符号发展而来，而是从一开始，就被代表着王权的仓颉创造出来。

我们的看法是，有关文字起源的问题，不管以进化论的观点来看——主张汉字由作为刻画符号的陶文逐步进展而来，还是以创世说的立场来立论——强调汉字是圣人“观象制器”的创造性活动的产物，总之，就在古代国家起源的关键时刻，原始汉字出现了。以此，我们进一步认为，符号说也好，创造说也好，如果能将两者结合起来说，那就更好。

对于汉字由来，历来有两种说法，一为伏羲说，另一为仓颉说。若两说兼取，以伏羲作为刻画符号代表，以仓颉作为文字形成代表，这样说来，就与传统相符了。

我们没有必要将问题复杂化，当真实性难以确认时，思维经济和问题简明，就成为我们衡量某个说法的适用原理。须知中国文字，并非跟着话语走的拼音文字，而是由视觉定型的象形文字。所以，汉字的意义，不在你怎么说，而在你怎么看，意义不是听出来、说出来的，而是看出来的。从形上看，那就是“象形”，看出个事来，即为“指事”。不光以形表意，表出“会意字”，还以形达声，达出“形声字”。这样形成的一整套文字，就脱离了原来自然生成的话语环境，独立出来，成就了一种用文字规范话语的新的约定和认同。

参与契约的，那时，多是陶器和玉器上的刻画符号，而非各国方言，也就是符号参与，而非话语参与，所以，汉语共同体的出现，不是各国方言集合的产物，而是符号——陶符和玉符集合的成果。正是在符号集成的基础上，当然，还要通过神权和王权的作用，催生出新的语言，那就是适用于王权的汉字官话系统。我们看河图洛书，不妨这样来看，即把它放在符号集成的过程中看。参与这一集成过程的刻画符号，是附着在方国贡物陶器和玉器上的，纳贡的主体，其政治属性，究竟是部落联盟，还是方国联邦，或为中央王权，如何定性，有待于进一步探讨。但其区位所在，已由河图洛书明示，就在中原。

然而，符号形成契约的过程，是否也符合中国历史发展“从东南往西北”的趋势呢？还是让我们回到良渚文化的陶文玉符上来看一看。据说，美国弗利尔美术馆、中国国家博物馆和上海博物馆，都收藏有良渚文化的玉琮，有的玉琮上刻有“火”形符号，符号下部，形如人字，观之似鸟翼，若云纹，究其来源，应当来自大汶口文化吧……只要将最早在山东莒县陵阳河出土的陶文“旦”与之比较一下就知道了。由此可见，不同的文化，通过符号契约，是怎样达成共识的。余杭南湖出土的另一件良渚文化的黑陶豆盘，中间刻有双圆圈“日”符，两边饰以对称“火”形，这也是大汶口陶文“炅”的变异；上海福泉山5号墓出土陶壶上刻有“火”与“日”的合符，合符中“日”隐于“火”下，露出半壁“日”形，则是大汶口陶文的另一种变异形式。后来，李白浪迹于良渚文化的地盘，写出“半壁见海日，空中闻天鸡”这样的诗句，果然，我们在良渚文化中，还见到了一件刻有鸟、山合符之形的玉璧，诗人灵感爆发，如有神助，一出手，就触摸到了文明的深度。

那么，该如何来解释这两种文化的趋同呢？我们认为，这样的符号契约，就是良渚文化同大汶口文化的契约。若考古出土，确已证明良渚人曾经到达大汶口文化，那么良渚人对大汶口陶符的采集，那就有可能是掠夺性的或纳贡式的，但更有可能是两种文化的共识在文化交流中达成的神圣符号的契约。如果卢梭的“社会契约”是一个能够成立的假设，那么良渚文化通过陶文玉符所表现的神圣符号就是“社会契约”达成的标志性样式。

大汶口文化遗址出土的陶尊上
刻的“山月日”符号

“山月日”符号拓片

刻符黑陶罐，良渚博物院藏

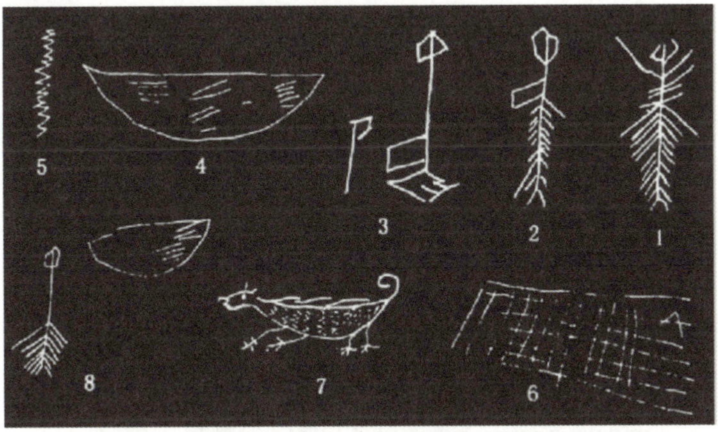

余杭南湖遗址黑陶刻符罐

有学者认为这些刻符的存在是文字产生的重要依据。该罐肩至上腹部连续刻有8个图像符号，专家有三种不同解释：第一种是释为“朱旗践石，网虎石封”，意思是朱去到石地，在石的境界网捕老虎；第二种是围绕着野兽构图，“似一组围猎纪事”；第三种是神兽（龙）月夜在神的世界中穿越水田，是先民想象的神域月夜走龙图。如果说单体符号还只是标识的话，那么一组符号则提供了表意的逻辑线索，余下的是释读问题了。

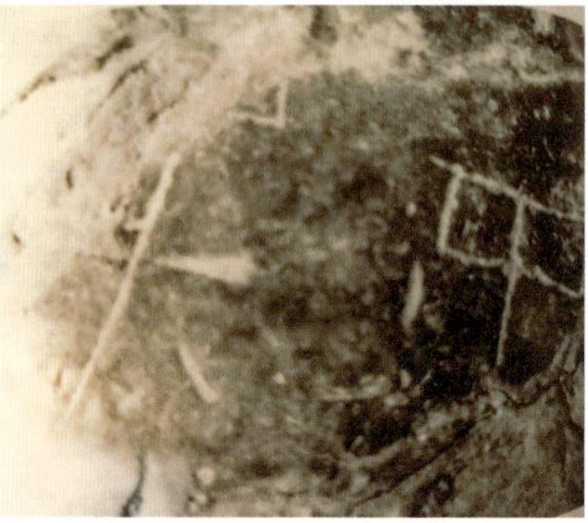

竹节形刻纹阔把陶杯，上海马桥遗址出土，良渚文化

竹节形刻纹阔把陶杯，出土于上海马桥遗址良渚文化的古井中。外侧杯底残存两个刻画的陶文，横、竖、捺笔画清晰，摆脱了一般图画或符号性的原始特征，已经接近文字产生的前夜。

南湖黑陶杯，高 11.8 厘米、口径 9.1 厘米、底径 9.8 厘米，
浙江杭州余杭区南湖出土，浙江省良渚文化博物馆藏

这件泥质灰胎黑陶杯的杯身为一侈口直腹罐的形状，肩与下腹间有一环形把手。腹部采用横竖交叉的技法刻有两头野兽，两头对峙，高大的一头似虎似熊，呈张牙咧嘴状；较小的一头似驴若马，呈沉着应变之态。

04

玉制的国家

—— 玉器时代的良渚化国家起源

通常，我们只是顺着阶级分化以及战争这样的路数来思考。

用“以此类推，由此及彼”的经验化思维形成了思想的路径。

其实，历史的经验，并非自然规律，未必适用于史前，其中最根本的差别，就是国家。从某种意义上，我们可以说，国家就是伊甸园里的那个禁果，人类偷吃了禁果，从此改变了命运——从不知善之为善的纯然的善转向知其不可为而为之的必要的恶。

历史之于中国人，非但纪年纪事，历述成败得失，历史观还是一种思维方式。史前人未有历史观，倒是自然观与生俱来，试看庄子笔下那些真人、神人、至人、天人，便是自然观的代表和象征。庄子谈论的史前，概括起来，有两点——一是“至德之世”，二是“至治之世”。“至德之世”，尚无国家出现，有如伊甸园时期，人与天地万物为一体，故无“治”可言，有“德”可称；“至治之世”，国家起源，人与万物虽有分别，却顺应自然，无为而治，让自然规律自发起作用，人无为而无不为。若从考古发掘上来说，庄子的“二世”说，也不为无据，河姆渡文化在大暖期里存在了两千多年，那或许就是个“同与禽兽居，族与万物并”的“至德之世”吧？或许还可以看作从“至德之世”向“至治之世”过渡的阶段吧？后来的良渚文化，也存在了一千多年，“至德之世”谈不上，“至治之世”也许算得上，恐怕主要还是从治世向着乱世过渡的时期吧，这一时期，国家出现了，由治而乱。

国本利器，用世，原为救世，莫角山上，那个良渚人的国，其缘起，也许就不是起于阶级分化和对外战争，它或许就是抗洪救灾中出现在东方的挪亚方舟。用国家起源的眼光来看东方挪亚方舟，它就不光是文明的源头，还是国家的原型。国家形成的路径虽有多种，但大致有二，一是对内阶级分化以致革命，二是对外文明冲突以致战争，可以说这是有史以来国家形成的两条主要道路。可史前呢？也就是说，在国家起源的源头上，是不是有可能更加多样化呢？自易卜生以来，有个问题一直在横亘着人类，那就是“娜拉出走以后”会怎样？面对史前，我们是否也该问一问：“夏娃出走以后”结果会如何？

在距今四千多年的良渚文化赵陵山遗址里，我们看到了一处尸存。

赵陵山遗址，位于苏州昆山张浦镇赵陵村，是太湖流域典型的土墩遗存，其地势“凸起平壤，隆若丘阜，四望皆水环之”。相传南宋赵王妃葬于此，故名“赵陵”，系由人工土筑而成。其年代、形状和用途，都与古埃及王国的金字塔——法老陵墓相似。

在良渚文化里，有很多这样的遗存，那些大小不一的山丘，以赵陵山最有代表性。这座“土筑金字塔”，向我们展示了墓坛合一、巫王合一、政教合一的文化面貌，其中 77 号大墓，人体骨架保存完整。据墓葬品反映的情况来看，墓主集神权、军权于一身，是位巫王合一的首领，腰部右侧放置大石钺，仿佛就在向我们预告古代国家起源的“立于刑”。

墓台西北处，果然发现了一处有 19 具受刑后的人体骨骼的丛葬墓，分三排埋葬，人体头向不一，无随葬品，有被砍下肢的，有身首异处的，有双腿被捆绑的，受刑者以青少年为主。丛葬东南面，有一层三角形的黑色灰面，有人据此判断，这19名被刑杀者，都是举行宗教祭祀仪式留下的祭品。可他们都是些什么人？奴隶，战俘，还是罪犯？

杀殉，是一种制度化的杀人，通常与奴隶制有关，反映了血淋淋的“主－奴结构”。人类在自然状态相杀，纵然不幸，但还算是本能驱动，而杀殉则是制度安排。

严文明说，这一时期的中国文化，位于前列的，是中原仰韶文化、山东大汶口文化、两湖大溪－屈家岭－石家河文化、江浙崧泽－良渚文化，还有燕辽红山－小河沿文化。何以几乎同时兴起的五大文化区系会在良渚文化里率先出现杀殉？这跟文明程度有关，在早期文明中，文明越先进，越早出现杀殉。因为杀殉作为失乐园标志，是国家的开始。

这样的说法，适合于青铜时代的国家起源，还是把青铜时代的国家本质，套在玉器时代的国家头上，这显然有些不对头；而且，文明先进与否，也与杀人无关，不能以杀人作为衡量文明程度的指标，反倒应该是人口的增长可以作为文明进步的一个标志。

严文明认为，良渚文化的经济发展水平，在五大区系中最为发达，宗教色彩也最为浓厚，有一套相当统一的宗教法器，如神徽及玉璧、玉琮等，而且神的祭坛同时还是贵族的墓地。由此可见，良渚文化已经有了政教合一的样式，不仅修城池、盖宫殿，更以新石器时代代表生产力最高水平的玉器制作工艺与文化，作为制度化的和普世性的国家礼制。由于是国家体制化用玉，故其数量之多、工艺水平之高，也远非同一时期的其他文化可比。

除了“立于礼”，还有“立于刑”在遗址里也有反映。严文明说，在所有的墓葬中，几乎都有钺，平民随葬石钺，贵族随葬玉钺。他还说，这是“全民武装”。很显然，这是把钺也就是斧头，当作兵器来说了。但这只是说了斧头的一面，其实斧头作为砍砸器，是既能做工具，又能做兵器的，要看它掌握在谁手里，从事何种活动，达到什么目的。

如果掌握在战士手里，以杀人为目的，那它就是兵器；如果掌握在平民手里，从事生产活动，那它就是工具；如果掌握在王的手里，代表王权，那它就是国之神器和利器，不能一概而论。如果硬要混为一谈，那个“良渚化世界”岂不成了“全民斧头帮”了？

即便以代表王权而论，玉钺和青铜钺也表达了不同的国家属性，玉钺既不能当兵器，也不能当工具，它代表王权，具有象征意义，就如同玉琮代表神权，表达信仰，它表达了玉器时代产生的作为信仰共同体的国家理想。而青铜钺则既可以当兵器用，也能当刑具用，还可以当工具用，它代表着全能的和绝对的王权。可以说，玉器时代的王权和青铜时代的王权不一样，玉器时代的王，就如同黄宗羲在《明夷待访录》里所说的“原君”，是以“天下为公”追求“人类大同”的“原君”，就如同尧、舜。而青铜时代的王，则多半是世袭制里的追求“家天下”的“末君”，其间，虽有如文、武、周公那样的明君贤相，也不乏“致君齐尧舜”的士人政治理想，但从根本上来说，正如青铜时代是对玉器时代的否定，“家天下”的“末君”是对“天下为公”的“原君”的否定，在法家思想里就表达了这样的否定。

赵辉在《问学之路》里，谈到他在普安桥遗址的工作，经常开玩笑说：遗址里发现的那个“麻籽”，会不会是致幻剂？良渚的宗教氛围那么浓重，良渚人会不会抽大麻？又说：良渚人的思想那么统一，是不是有个政党——“良渚党”那样的组织？他发现：良渚有动员很多人力物力建造大型工程的社会机制，各地玉器纹饰高度一致，反映了高度一致的社会意识、宗教，而且因为这种宗教思想渗透社会基层，所以宗教很可能参与了社会管理。同时，他还指出，良渚社会虽然是文明的先驱，却因地处东南一隅，缺少交流，所以，社会发展一条道走到黑。高度分工、高度分化和高度思想统一，宗教笼罩严密的社会僵硬了，面临突然变故，社会系统不能做出灵活反应、不能及时调整，终于陷入凋零不复之境地。

他那时还不知道良渚文化晚期又建造了良渚古城，故未敢以国家言，但他那几句话，显然都是针对国家形态来说的，已经含有了古代国家起源的前提。有人说，良渚文化进一步就成国家了，可惜倒在了国家出现的这道门槛前。这样说来，就差了一步，究竟是哪一步？若对照西方文明的古代国家起源来看，良渚文化少了两个文明的重要指标，一个是系统化的文字，还有一个便是青铜器，这两者是古代国家身份证。良渚文化不缺文字，但目前发现的，还够不上“系统化”三个字。不过，就已经发现的来看，如果再加上大汶口出土的文字，那么即使不够系统化，也还能看出汉字六法的萌芽，已有了系统化的萌发。至于系统化的程度，尚需新的考古发现来进一步确认，因为殷墟文字有可能就从它们进展而来。

而青铜则是良渚文化的短板。良渚文化从新石器时代走出来，开创了一个属于自己的玉器时代。西方文明里没有这么个玉器时代，直接从新石器时代进入青铜时代，所以，玉器时代，成了中国文明的标志。青铜时代之于新石器时代，表现为一种革命性的技术进步，而玉器时代之于新石器时代，反映的是改良化的文化发展。西方文明以技术进步的青铜时代立国，中国文明以文化发展的玉器时代立国，立国之本不同，文明的样式也就不一样。所以，用青铜时代的文明样式来看中国的古代国家起源，难免会“定于一尊”看走眼。

玉器时代之后，中国迎来了自己的青铜时代，良渚文化不是倒在了国家出现的门槛前，而是倒在了这两个时代交替的门槛上。良渚文化以臻于完美、过分精致的玉器时代拒绝了青铜时代的到来，它的文明样式呈现出完美的僵化状态，但它留下的成果，却发展出多样性的良渚化世界。良渚文化缔造了一个玉制的国家，不仅有玉制的宗教信仰——代表神权的玉琮、玉璧等神器，还有玉制的国家制度——代表王权的玉钺等利器，更有玉制的国民身份，赵辉在《问学之路》里这样说道：良渚文化，不仅大墓有玉器，甚至连比较小的墓葬，也经常发现玉器、象牙器之类，还有独木棺。虽然这类墓葬的玉器不上档次，可能仅仅是几块边角料上打个孔，但整体上良渚社会比较富裕，人民对奢侈品有追求。他说出了很重要的一点，那就是玉在良渚文化中的普及化程度和玉器所具有的全民属性。但玉对于良渚人来说，并非奢侈品，而是必需品。正如青铜时代的国家公民必须佩戴青铜兵器以表明其国民身份，墓葬中的玉器其实就是良渚人的国民身份证，墓葬的规格及其葬品反映的就是这种身份。

赵陵山 77 号墓出土现场，玉钺鲜明

赵陵山 77 号墓随葬品多达 123 件，表明权势身份的石钺有 6 件，以及礼神的玉琮和象征财富的各种玉饰品，与前述的丛葬墓形成鲜明的对比。

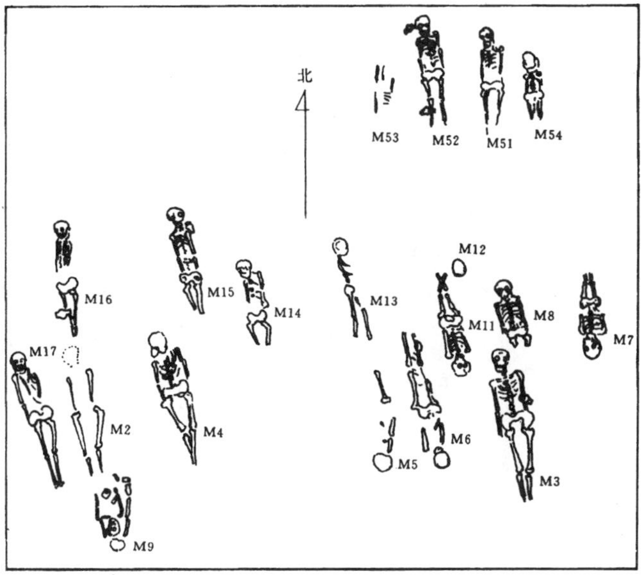

西 T0507 丛葬平面图

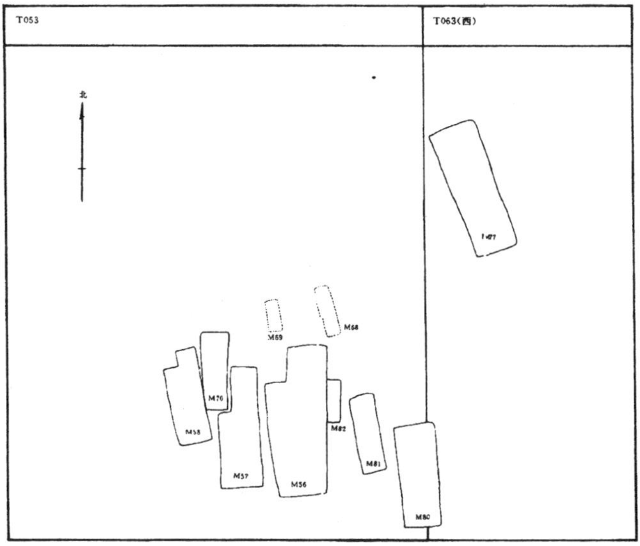

中型墓群和 M77 关系平面图

神人鸟兽玉饰，江苏昆山赵陵山遗址 77 号墓出土，良渚文化

太湖流域地势低洼，水网密布，生活在那一带的人，古往今来，都会筑台而居，或筑土台而葬，又被称为台地文化。昆山赵陵山良渚文化遗址属于良渚早期文化类型，西北区从葬墓共有 19 人骨架，大致分三排埋葬。没有墓坑，也没有葬具，均系平地掩埋，尸骨叠压，尸骨全部葬在土台之外。根据葬人的年龄、性别以及受伤和残肢的状况，已鉴定出来的有 15 具骨架——少儿 6 具、青年 6 具、成年男性 3 具（无一具属于老人），其中有 3 具是女性，肢体不全，脑骨破碎，呈捆绑状，应该是非正常死亡。灰烬痕迹长约 4 米、宽约 1.5 米，也许是殉葬仪式留下的。

神面纹玉琮，上海金山亭林遗址出土，良渚文化

这件玉琮出土于上海金山亭林遗址，横槽有九节，高约24厘米，属于良渚文化晚期，陪葬的墓主似乎是一位地位一般的氏主首领。因为他的墓葬不在高土坛上，而是平地墓葬，玉器较少，石器陶器较多——玉琮也是反映良渚文化统一性的主要物证。《周礼》说，“苍璧礼天”“黄琮礼地”。玉琮内圆外方暗示天圆地方等，那是先人做了，后人的解释。也许墓主的灵魂从中空出来，监督子孙的行为。

05

文明的刺客

—— 史前也有革命的海派文化

就文明的基本面而言，良渚文化的兴衰，都与玉器时代有关。

良渚文化的兴起，是良渚人对新石器时代的创造性转化，转化出一个属于自己的玉器时代。尽管那时五大文化区域都有玉器，但只有良渚文化将玉器体制化为国家起源的文明载体。我们从良渚文化的玉器上能看到礼制文明的曙光，良渚人用他们的玉器贯穿了古代国家起源的三大关系，从良渚文化的玉器，能看出“绝地天通”的痕迹。

就玉器的社会化的普及程度而言，良渚文化很可能有过一个人人巫觋、家家祭祀的“民神杂糅”的时期。从玉器的形制和纹饰来看，又表现出强烈的统一意识和等级化趋势，反映了对玉器的统一性的制度化和意识形态化管理——“绝地天通”。良渚文化的统一性，不光在一个遗址和一处墓葬群里反映出来，而是在所有的遗址和墓葬群里都反映出来，真正做到了大一统。大一统的范围究竟有多大呢？我们来看良渚文化的分布。

严文明在《早期中国是怎样的》一文中指出，良渚文化主要分布在太湖周围，可以分为几个大区块，每个区块都自有一个中心。太湖以北的中心有江阴高城墩和武进寺墩遗址，东北区块中心有苏州草鞋山和赵陵山遗址，东部区块中心有上海福泉山遗址，东南区块中心有桐乡普安桥遗址，南部区块中心就是良渚古城。这些遗址，就是良渚文化的核心区和主体区，整个环太湖流域都是它的主体覆盖的范围，论规模堪称文明古国。

但其势力范围，不止于此，主体区之外，还有扩张区。良渚文化向南越过宁绍平原，到达闽浙一线，将原来沿着钱塘江与杭州湾平行发展的两支文化——马家浜与河姆渡统一起来。于是，我们从河姆渡文化遗址上看到了良渚文化的覆盖层，而良渚文化本身就由马家浜—崧泽一路发展而来，形成了吴越文化的原始格局。后来发生的吴越春秋故事，似乎也可以作为良渚文化兴衰的参照，因为在同一方水土上总是重复着相同的故事。良渚文化同吴越春秋里的吴很相像，吴国崛起的地盘，就在良渚文化的主体区，其对外扩张的方式，仿佛就是良渚文化的复制。所以，我们通过吴国的扩张来还原良渚文化的走向。

良渚文化先是南下，跨过钱塘江，统一杭州湾的史前吴越文化，也就是将原来马家浜与河姆渡文化的地盘合二为一了，然后，分两路北上，到达江淮地区。一路西向，进入巢湖流域的薛家岗文化区域；一路北进，同苏北新沂花厅遗址的大汶口文化合流。春秋时期，吴国的扩张也是如此，往南攻越，西行征楚，北击齐。良渚文化曾以薛家岗遗址和花厅遗址为据点问鼎中原，吴亦欲打通齐、楚，同晋国争霸中原。我们知道，吴之败在被越逆袭，而良渚文化的后面似乎也有个刺客，那就是马桥文化，它是越文化的直系祖先。

可马桥文化又是从哪里来的？它是原处于良渚文化主流边缘的下层阶级的文化，还是来自良渚文化向南部扩张所至外围地带，也就是浙西南和闽北山地的土族文化，抑或两者兼而有之？我们从该文化的遗存来看，它具有良渚文化的一些非主流因素，但这些因素在马桥文化中不占主导地位。其主体，是来源于浙西南和闽北山地的土族文化，虽然属于良渚文化的势力范围，但它同时又含有了海岱地区的岳石文化因素，还带有中原二里头文化的因素，因而又有所超越，马桥文化的超越在于它已经迈开了走向青铜文化的步伐。

文化上贫困，有时反而能激发技术进步，对新技术的出现具有强烈的敏感性。马桥文化遗址中出土的刀、凿、镞等小件青铜器，很可能就是马桥人能逆袭良渚文化的利器。马桥文化虽然文明的程度不及良渚文化，但良渚文化也有短板，那就是文明程度越高的文化往往越容易僵化，创造性强的文化有时难免适应性差。这恐怕是良渚文化衰落的根本原因——对青铜时代的到来失去了敏感性，而过分沉溺于对玉器时代的审美里。

良渚文化是原生的，而马桥文化，则是一种外来的混合形态的文化。其中，每一种文化因素的存在，都反映了良渚文化全面危机的一个侧面。比如，良渚下层阶级文化的存在，很可能就反映了良渚文化内部的社会分化导致原来不曾有过的阶级斗争，正是阶级斗争的需要，使他们加入马桥文化中来，转化为对良渚主流文化的颠覆力量。还有来自被良渚文化挤压在南部边缘地带的土著文化，如肩头弄文化等，也出现在马桥文化中，或许就是一种敌对势力在地缘政治上的反扑。而北方的岳石文化和二里头文化来到马桥文化中，就有点像后来吴越春秋时期齐、晋两国支持越国灭吴一样，联手终结了良渚文化。

马桥文化的优点在于它的适应性和包容性，具有移民文化的特征，其多样性，就像近代以来的上海滩，可以说是最早的“海派文化”，而由不同文化因素混合在一起形成的马桥人，堪称“史前上海第一人”。我们这样说，不是从“最早的上海人”上来说的，而是从最具有“海派文化”气质上来说的，斗争性是海派文化的一个显著特征。

马桥文化是东南沿海一带率先进入青铜时代的文化，但马桥人对于来自北方的青铜文化有自己的选择。本来“国之大事，在祀与戎”，青铜文化中，最重要的是用来“祀”的礼器，其次才是从事“戎”的兵器，用“祀”

来解决权力来源的合法性问题，用“戎”来夺取政权和巩固政权。可马桥人只要“戎”，不要“祀”，因为他们还没有国家观念，还处于“物竞天择”的文明的初级阶段，不需要考虑合法性问题。所以，我们在马桥文化里看到的青铜器，没有礼器，只有兵器，而且都是一些小型兵器，更何况这些兵器还不是马桥人自己生产的。他们既没有开铜矿，也没有铸铜工具，对于青铜文化采取“拿来主义”。

很可能，他们就用这些青铜小兵器，铲除了良渚文化的上层残余，而且他们的革命非常彻底，以至于良渚主流文化在马桥遗址中竟然没有留下任何痕迹。也许有人会拿洪水和海侵来说事，说良渚文化在本土荡然无存，是洪水和海侵的结果，但自然灾害不可能从根本上灭绝一种文化。如果仅仅是自然灾害，良渚文化还可以卷土重来，连外来的马桥文化都可以起居在良渚文化的地盘上，良渚文化回归本土不应该有什么自然障碍；即使难以全面回归，最起码会有一部分重现在取而代之的马桥文化里。如果一点也没有，那么只有一种可能，那就是良渚文化被马桥文化彻底排斥。也许马桥人根本就不屑于继承良渚人的文化遗产，“越穷越革命”的思想，也并非现代才有，或许马桥人在史前就尝试过一回。

促使良渚人的主流文化远离本土，起因有可能是逃避洪水和海侵。

如果仅仅是为了扩张的需要，它应该在本土留下大本营，而非倾巢出动，全力进取。当然，还有留在本土的。按照“体国经野”的说法，留下的不是“国人”，而是“野人”，正是这些“野人”与外来的野蛮人相结合，摧毁了良渚上层的主流文化。

正所谓：“野人”站起来了，文化倒下了。江南出现了文明倒挂。

良渚主流文化在本土消失了，但它并未消亡，而是在流浪，带着理想流浪，有自己的“诗与远方”。它的流浪，打开了中国历史发展的一条主要脉络，那就是被太史公总结出来的中国历史运动大势——从东南往西北——“事兴起于东南，而收成于西北”。太史公举了好几个王朝的例子，但他不知中国东南曾经还有个史前良渚文明古国。正是这一古国运行的轨迹，率先开启了中国历史运动的大趋势，古国虽然解体了，但文化并未消失。

董楚平在《吴越文化新探》中，谈到了良渚文化的去处，他说：中国史前文化，东南和西北各有千秋。东部沿海地区与长江中下游琢玉业发达，而冶金业起步迟，黄河中上游地区琢玉业不发达，却是中国青铜文化的发源地，当玉器文化在太湖流域基本消失的时候，它却出现在了西北地区。不是零售似的出现，而是成建制的体系化的转让，最显著的是，它突然大量出现在山西襄汾地区的陶寺文化里，带来了前所未有玉琮、玉钺、玉璧。

头戴大羽冠纹饰三叉形玉饰，浙江杭州余杭瑶山遗址出土，良渚文化

玉镯和玉镯上的神徽，浙江杭州余杭区瓶窑镇汇观山遗址出土，良渚文化

头戴大羽冠神徽的玉串牌饰，浙江杭州余杭反山遗址出土，良渚文化

良渚文化以玉文化进行大一统，凝聚它们精神的就是每一个遗址里的各种神徽。

石镞，在马桥文化中罕见，也许是外来

石镞，马桥文化，在良渚文化柳叶形基础上变异为两翼与铤分解明显，镞身呈菱形

斜柄石刀，马桥文化

石矛，11.6 厘米，这一形状的矛为马桥文化特有

鹤嘴形石锄，通体精磨，高 12.5 厘米，马桥文化

马桥文化遗址位于上海市闵行区马桥镇，马桥人的生活年代距今约三千九百至三千二百年，文化特征有南方浙闽与北方夏商的元素，以良渚文化为核心延续，开始出现削、簇等小件青铜器以及原始瓷器，标志马桥文化进入青铜时代早期。当然，这一时期马桥人还是以石镞为主要攻击武器，石镞用于射杀，还是常规武器，并出现了青桐镞做配合。

06

国民身份证

—— 玉的三权合一及其财富属性

我们知道，在良渚文化里，玉琮代表神权，玉钺代表君权，那么玉璧又代表了什么？

显然，它并非后来《周礼》所谓“苍璧礼天”“黄琮礼地”之类。玉璧之于良渚先民，不光是礼制文明的象征，同时也标志着他的国民身份。在良渚先民的墓葬中，那广泛使用的玉璧，就向我们表明了墓主的国民身份，显示这一身份所具有的特殊属性，就如同青铜时代须以青铜礼器和兵器来表明国人或士人的身份一样，它是“国民身份证”。

有人认为，玉璧是“财富的象征物”，王明达《良渚文化玉璧功能考述》就这样认为；还有人更为明确地指出，良渚玉璧的真正功能就是一种“原始货币”，后来的“珠玉之币”即源于此。杨伯达《史前玉璧名实辨》引述了这样几种观点：或曰玉器、玉璧皆为商品，必然要转化为货币；或曰约五千年前，东部沿海地区自辽东以至江南的玉器弧形圈内已开始流通玉器货币；或曰良渚玉璧具有价值尺度、流通与支付手段，以及类似“世界货币”的功能。总之，当玉器的财富效应具有了普世价值，自然就开始了向货币转化。对于良渚玉璧，持有“财富”与“货币”这样两种看法，我们都认可，因为它们都反映了作为“民权”核心的个人权利的一个侧面，都表达了“国民身份”所必须具备的财富属性。

《说文解字》说“王”，以“一贯三”说之，“三”者，天、地、人，“一”者，“王”也，“王”是贯通天、地、人的人。当然，这是汉儒的解释，若放在良渚文化里来看“王”，那“一贯三”便是贯通“三权”——神权、君权、民权，是三权合一的人。

“三权合一”的王权，在良渚文化里就已呈现，通过玉器时代的礼制文明呈现。

立定良渚琮钺璧，玉国三权已合一。
神权王权属琮钺，璧作民权如户籍。

可这一套玉文化的礼制文明，怎么又会出现在千里以外的陶寺文化中呢？根据董楚平的说法，像琮和钺这样的“国之利器”，是不可能经由贸易通过流通领域获得的，只能由良渚人自己带来，或由外人从他们那里夺取。在中国历史上，通常，这就意味着有两种可能，或是良渚人以征服者的姿态昂然进入，或为失败后拱手相让。不过，我们认为，那时，毕竟处于史前时代，应该还有另外一种可能，那就是以“和合”的方式结成同盟，组建联邦。这比较符合传统所谓“尧舜禅让”，传说中的“尧都”就在陶寺文化的地方。

我们知道，陶寺文化是龙山文化的一种类型，而龙山文化与良渚文化有明显的亲缘关系。当初，良渚文化一发现，就被人当作龙山文化的一种，因为其中发现了与龙山文化极为相似的黑陶，而良渚文化的年代资本尚未充分展示，很自然就成了龙山文化的江南类型。后来，随着发掘的进展，这才发现，原来正相反，良渚文化在先，龙山文化在后，如果硬要将它们说成一种文化，那也只能把龙山文化说成是良渚文化的北方类型。所以，现在不这么说了，只说它们前后产生，平行发展，有所交集，但实质上它们还是同一种文化。

除了黑陶，还有玉文化。中国史前，曾经有过两条玉文化带。最早的一条，连接中国东部沿海地区，将东北和东南连成一条纵贯南北的玉披肩，从辽东半岛经过海岱地区一直披到太湖流域和杭州湾，然后，又从东南经由中原地区转向西北，给中国系上一条横跨东西的玉腰带。此种格局，始于红山文化，继以大汶口文化，成于良渚文化，集大成于由良渚文化与龙山文化融合成的中原“夏”文化。“夏”，就是大，集合东西南北文化而成其大，其主体，就是代表长江、黄河两河流域的良渚和龙山文化。有人问：良渚文化消失了吗？回答是：它在本土消失了，它的根据地，曾经被马桥人连根拔掉，但它依然北上，率先启动了古代国家起源的文明进程——不是聚落形态的古国萌芽，而是王国形态的中国诞生。

玉璧，浙江杭州余杭反山遗址出土，良渚文化

良渚文化是“石灵时代”石器工艺的登峰期，有磨制精细、光亮平滑的石镰和石刀等，已经广泛用于农业。而精湛的玉器工艺，则为玉呈现其精神功能提供了更为精准的服务。良渚遗址中的大墓葬出土了大量玉器，大都属于透闪石系列的闪玉，经过切割、钻孔、雕琢、打磨、抛光等多种工艺手段制成，很多玉器的局部还保存有制作和加工痕迹。玉器品类繁杂，包括琮、璧、钺、冠状器、锥形器、三叉形器、柱形器、镯、璜、牌饰、串饰、带钩，以及端饰、动物形饰件等，许多器件上还琢刻有神人兽面纹。这些玉器在形制、花纹以及随葬方式上凸显了墓主人尊贵的地位与显赫的威仪，体现出良渚社会鲜明的等级特性。

关于良渚玉璧的功能，各家说法不一。《周礼》称“苍璧礼天”，将其视为祭天的礼器，这种后世出现的功能，在良渚文化中尚缺乏考古学的依据。有些学者以为，良渚玉璧以量取胜，应是墓主财富的象征。因为，与后世的玉璧相比，其选材大多斑斓绚丽，较少纯色，制作工艺相对简单，许多玉璧轮廓不正，厚薄不匀，钻孔错缝不加修治，属于工艺相对粗放的器种。在墓葬中，除了一两件位于墓主胸腹部位的玉璧制作精良外，大多数的璧以叠放的形式位于墓主脚端部位。

玉璧，浙江杭州余杭反山遗址出土，良渚文化

在良渚玉器中，若以单位面积计算，玉璧最多。玉璧选材以斑斓绚丽的透闪石居多，绝少纯色，玉璧的制作工艺与其他玉器相比相对简单，加工略显粗放。诸如轮廓不正，厚薄不匀，钻孔错缝不加修治。从墓葬中看，少数几件放在墓主胸腹部位的玉璧制作精良，而叠放或堆积在墓主脚端部位的大部分玉璧则简单粗糙些。可见后世解读的“苍璧礼天”的说法，至少在良渚文化中尚缺乏考古学的依据，作为良渚人的身份象征或财富象征，似乎更符合这些玉璧的存在意义。

半球形玉琀，上海青浦福泉山高台墓地 139 号墓出土，良渚文化
墓主口含玉琀，半透明，半球形，表面高度抛光，底面有一斜向对钻的“牛鼻孔”，也许为穿绳所用或生前挂件

福泉山良渚文化遗址位于上海青浦重固镇西首，是长江下游新石器时代典型遗址之一。墓主为男性，在主人足跟后面的东北角，有一保存完好的屈肢葬人骨，为年轻女性。她既无墓坑，又无葬具，也没有陶石器陪葬，却有玉器在身旁。头顶部有玉环一件，面颊旁有玉饰片一粒，颈部和下肢旁各有玉管两件。尽管她很可能是被作为人牲用于祭祀，其身份地位低下，但仍然要以玉作为身份标志。

07

史前玉石路

—— 良渚化道路的来路与去路

有人对良渚文化的玉料来源做了考察，大致有两种说法。

一种说法，主张就地取材或就近取材；还有一说，就是玉石之路。

就“地”，就的是天目山，那是良渚文化的靠山，在《山海经》里，被称为“浮玉之山”。“浮玉”，不就是良渚先民于山中溯溪捡拾的浮于水面的玉料——“河磨料”“山流水”吗？而就“近”，则就的是宜溧山地的小梅岭玉矿，该矿距良渚文化另一中心——寺墩遗址二三十公里。经检测，寺墩玉器成分与小梅岭玉基本相同，更何况宜溧山地还是天目山脉延，而小梅岭也就是“浮玉之山”的一脉。但是，我们不能把《山海经》神话地理当作历史地理，不能以历史地理的方式来指定“浮玉之山”就在某一处。它也许还跟玉石之路有关，但凡有玉料来源的山脉，都叫“浮玉之山”，玉石贸易的流动性有如“浮玉”。

经检测，武进寺墩5号墓出土的玉器残件和梅岭玉的化学成分虽然基本相同，但在玉料获取方式上，仍是“山流水”之类的河砾，而非开矿取得的“山料”。于是，有人断言，小梅岭矿从未被良渚先民发现并开采，即便有一部分被“就近取材”，那也是从河砾中取得的。检测还发现，梅岭玉含有锶（Sr）元素，这是反山、瑶山等良渚遗址群发现的玉器中所没有的，余杭临平遗址群所见玉器，成分同反山、瑶山出土玉器相似。可以说它们是“就近加工”，但其玉料来源，则非“就地”或“就近”，而是来料加工，是外来的。

显然，来料另有源头，据目前地矿资料来看，此种玉料，或出和田，或出岫岩，非就地就近所能获得。然，和田玉入中土，当在此后，约为公元前2000年，由西向东，另辟“玉石之路”，因其晚于良渚文化，故非良渚玉料来源。而岫岩玉，则出自红山文化，其时代，略早于良渚时期，故良渚那些外来的黄绿色玉料，多半来自辽东岫岩。其方式，或以贸易，或以进贡，经由东方玉石之路，转运而来。反山、瑶山玉器，玉质明净，色泽黄绿，深浅不一，看似辽东岫岩玉。其来路，或从辽东渡渤海至胶东，再转向东南沿海，从红山文化出发，通过大汶口文化，进入良渚文化分布区，海陆并行，来料多以船运。

良渚文化中那些“就地”或“就近”的玉料，在《尚书·禹贡》里被称作“瑶琨”。杨伯达说，“瑶”为溧阳梅岭玉，“琨”为句容茅山石，两山相距不远，实则相连，都属古扬州。而外来的岫岩玉，虽然在《尚书·禹贡》里没有说法，但杨伯达却从《尔雅·释地》里找到了一个说法，那就是“珣玗琪”，并作《珣玗琪考》，指出：“珣玗琪”即岫岩玉，是中国最早的玉，称“夷玉”，出自红山文化。然而，当《尚书·禹贡》之时，何以玉的滥觞“珣玗琪”反而消失了？杨伯达指出，中国史前玉文化板块有八处，可在《尚书·禹贡》里，只出现了东西方两种贡玉，东方之玉名“瑶琨”，西方之玉曰“球琳”。很有可能到了古代国家形成和九州规划时，那八大板块的玉文化被统一到东西方两个品牌里去了。

《尚书·禹贡》成篇，或在后来，然其所言，不离史前，规划国土，创立国家，约当此时，应在良渚文化两路北上，分别进入潜山薛家岗和新沂花厅一带之后，这比较接近“淮海惟扬州”的说法。但杨伯达《中国史前玉文化板块论》一文却把这一带的玉文化称为“淮夷玉文化板块”，在九州规划里，该板块处于徐州和扬州之间。其中，凌家滩玉文化，要早于良渚文化兴起，差不多与红山文化同时，在时间和空间上，都处于红山和良渚文化的中间地带，南北两系在此交流、融合，形成了向中原文化进取的过渡地带。

东部沿海玉文化系列板块，如辽夷、淮夷、越夷等，南来北往，辐辏于中部海岱地区，融合为龙山文化的夷玉——“瑶琨”了。“珣玗琪”也被统一到“瑶琨”品牌中，不仅作为玉料，被加工为良渚文化的上等玉器，而且作为玉文化的标志被“瑶琨”代替。在玉文化大融合中，因其主体良渚文化从“扬州”来到“淮海”，故《尚书·禹贡》曰“淮海惟扬州”，与《尔雅·释地》所言“江南曰扬州”者异。或许，我们可以这样来理解，当良渚文化兴起于“江南”本土时，便说“江南曰扬州”，当其北上至“淮海”一带时，就说“淮海惟扬州”。总之，良渚玉文化到了哪里，哪里有“瑶琨”之玉，哪里就是“扬州”。

良渚文化北上“淮海”以后，“淮海”就变成了“扬州”。那时，“淮”是薛家岗文化的地盘——大别山以东，巢湖以西，江淮之间，而“海”是大汶口文化的地盘——海岱地区。杨伯达将它们分为“淮夷玉”和“海岱玉”两个玉文化板块。这两个板块，先于良渚文化兴起，与之处于同一发展水平的是红山玉文化。南下的红山玉文化和北上的北阴阳营以及崧泽文化，在此相会，互相激荡，不仅形成一个文化缓冲带和过渡带，而且产生了一个“快闪的玉人”玉文化的高峰——凌家滩文化。

我们知道，崧泽文化是马家浜文化的嫡系，从崧泽文化到良渚文化都是一脉。而薛家岗文化则有可能是马家浜文化向西发展进入皖鄂赣的一支，非马家浜文化主流，跟凌家滩也不是一系。凌家滩遗址，更靠近南京，严文明在《凌家滩——田野考古发掘报告之一》一书的序中说：其文化性质最接近南京北阴阳营墓地，二者或属于同一个考古学文化，文化的中心应在凌家滩而非北阴阳营，因为凌家滩文化规模更大，发展水平更高，远远超过了北阴阳营。在长江下游，凌家滩人是走上文明化道路的先锋队。可文明的先驱，必然导致文明的试错，这就使得先行者命运难测。一个文明，存在了数百年，作为文明体还很青春，正当其光芒四射时，就像突然断电一样，文明消失了，凌家滩就是如此，如电火行空，昙花一现。

有人说，史前社会各族群之间，就如同当代国际关系，同样存在着一个社会上层交流网。有人从红山文化和凌家滩文化的墓葬中发现，凌家滩大墓 07M23 号的墓主很可能走访过牛河梁，牛河梁第 16 地点大墓 M4 的墓主也有可能到过凌家滩。这些社会上层人物，为了追求知识、财富和权力而交流。但上层交流不是孤立的，要有广泛的社会交换为基础，我们认为，由商业贸易开辟的交流比上层往来更加重要，它决定了一个文化的基本面。

中国史前玉文化有过三次高峰：第一个高峰出现在红山文化，第二个高峰就是凌家滩文化，第三个高峰才是良渚文化。红山文化虽然出现得早，但其高峰期却差不多与凌家滩文化同一时期，而凌家滩文化在自己的高峰期玩了一下文明的快闪，就不见了。严文明说，凌家滩文化遗产很可能都进入良渚文化里去了，因为良渚文化前身的崧泽文化玉器很少，加工技术也不高。良渚玉器工业突然爆发式增长，不可能得自崧泽文化遗传，必有外来文化助推，只有站在一个已有文明的高峰上，才能登峰造极。正如良渚文化后来几乎全部纳入龙山文化中，那时凌家滩文化里那些“快闪的玉人”大概都跑到良渚文化来了。如果说龙山文化的成长站在了良渚的肩膀上，那么良渚文化的成长则站在了凌家滩的肩膀上。

严文明说，良渚所有玉制技术，除了微雕式线刻不见于凌家滩外，其他技术在凌家滩都已被采用，而且在文明的样式上，凌家滩也成了良渚人的榜样，比如，凌家滩最有名的单体玉人和兼体玉鹰，就被良渚人用到他们的神徽里去了；在神徽里，人、鸟、兽在太阳的光芒下升华，使万物统一起来，成就万物一体，被良渚人“大而化之之谓神”了。

凌家滩人还有玉龟和玉版，其中，出现了人称“原始八卦图”，有人把它与伏羲氏“始作八卦”联系起来，从《太平寰宇记》里，找出“伏羲于蔡水得龟，因画八卦之坛”的记载，来说明伏羲画八卦与凌家滩出土的玉龟有关。出土时，刻有“原始八卦图”的玉版夹就放在玉龟的龟甲里，同“元龟衔符”“元龟负书出”“大龟负图”的说法相似。

玉版正面为长方形，反面略凹，两短边各对钻五个圆孔，一长边对钻九个圆孔，另一长边在两端对钻两个圆孔。玉版正中，刻一圆圈，圈内刻有方心八角星纹，圈外再刻一大圆圈。两圆圈，以直线平分为八等分，每等分刻一圭形纹，大圈外沿圈边对着长方形玉版的四角，又各刻有一圭形纹饰。圆心之八角星纹，或为太阳，内、外圆之间的八圭形，则对应着东、西、南、北和东南、东北、西南、西北八方。大圆圈外四角之圭形，表示四维。四维和八方，即《史记·龟策列传》之“四维已定，八卦相望”。传说中的“河图洛书”，似乎就从这玉龟玉版得到了考古学的证据。但古籍所谓“蔡水”，不在凌家滩所在的江淮流域，而在淮河以北的黄淮流域，或曰为伏羲故里。会不会是凌家滩文化在其鼎盛时期从长江两岸发展到了淮河两岸呢？凌家滩文化的原始八卦图式，北上淮河北岸——淮阳，便向“河图洛书”的方向发展，南下来到江南良渚文化里，转化为“太极图”的原型——“源极图”。

此图，见于赵陵山墓葬中，在一件陶盖上，刻着命运的纹样，或称其为“灵魂的结”。出土时，这陶盖位于墓主头部左侧，或曰为盖在墓主脸部的神圣之物，其功能，好似仰韶文化中那“人面鱼盆”，都是人死后安顿灵魂的去处。差别在于，仰韶文化中的“人面鱼盆”有如一篇天真烂漫的童话，而良渚文化的灵魂的图式，则已然化为抽象思维的“中国逻各斯”——“太极”之“源极”。太极至简，一是一切，一切是一，源极至繁，繁至千丝万缕，犹能条分缕析，表现出先民逻辑思维的丝玉气质和迷宫样式，可以视为凌家滩玉版开显的静态时空方位和数理关系，在良渚文化里开启了先民原始思维的动态的线性逻辑。

还有凌家滩的祭坛，也显示出这样的发展轨迹，由北而南，先是红山文化的祭坛用石块砌筑，到了凌家滩文化就采用土石结合的垒筑方式，而良渚文化则用红、黄、灰三色土堆成“土筑金字塔”。有趣的是，我们在故宫旁中山公园内中山堂前看到了明清遗留的“社稷坛”，坛正方形，四围砌以青白石，坛中，按东青、南红、西白、北黑、中黄铺就五色土——王土，坛中央立一石，上锐下方，名之曰“江山石”。明清两朝皇帝于每年农历二月、八月在此祭祀土神“社”和谷神“稷”，以求五谷丰登，江山永固。

从三色土到五色土，从东南一隅走向禹贡九州，我们仿佛看到了良渚人迈开的脚步，文明行进的路线，则是“从东南往西北”形成的玉石之路，走向他们的诗与远方。

安徽凌家滩遗址 07M23 号大墓出土的玉器状况

玉与权威起源，在凌家滩文化遗址中最突出。遗址群位于安徽境内长江北岸、巢湖以东的巢湖市含山县凌家滩村，发源巢湖流入长江的裕溪河中段北岸，并与淮、黄河交通，有多种史前文化在此竞相呈现，总面积约 160 万平方米。有墓葬 44 座，祭祀坛 1 座，祭祀坑 3 个，积石圈 4 个。从大墓的陪葬品中，可以看出玉对权威形成的引导和助推作用。玉器对精神的承载功能，使陶器等退居其次。07M23 号大墓，与 87M4、87M15 并居为凌家滩三大墓葬，位于墓葬群遗址最南端第二排中间线偏东，墓主“坐拥”陪葬品 330 件之多，超越先于出土的 87M4、87M15 墓葬。其中玉器 200 件，石器 97 件，陶器 31 件，叠压达五六层，截至目前，陪葬品居四十多座墓群之首。尤以玉钺、玉斧为突出，表明墓主的权威；玉璜作为礼制的标志，一组 10 件。在耀眼的堆积中，不见墓主的一寸碎骨。依据中国文物研究所碳样测试数据，凌家滩遗址年代距今五千六百年至五千三百年左右，与红山文化年代相当，早于良渚文化。墓葬用 4 个积石圈分区，与红山文化的积石冢也很相近。而且这一大墓足以见证凌家滩作为史前玉器文化的第二高峰。为第三高峰的到来——玉器加工工艺技术以及审美等，都做了充分的准备。

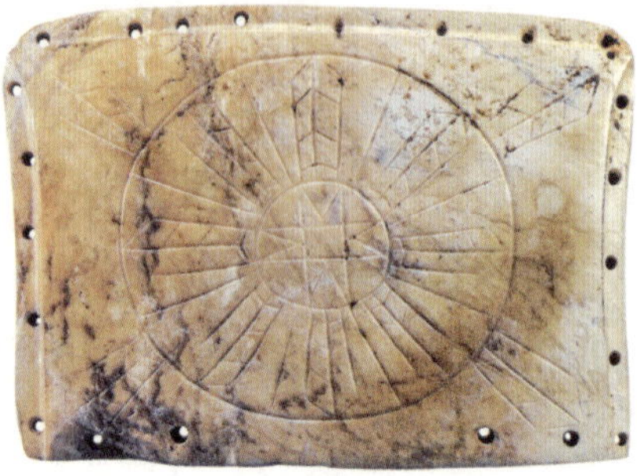

玉版，凌家滩 87M4 号墓出土，
上刻有据说是“原始八卦图”

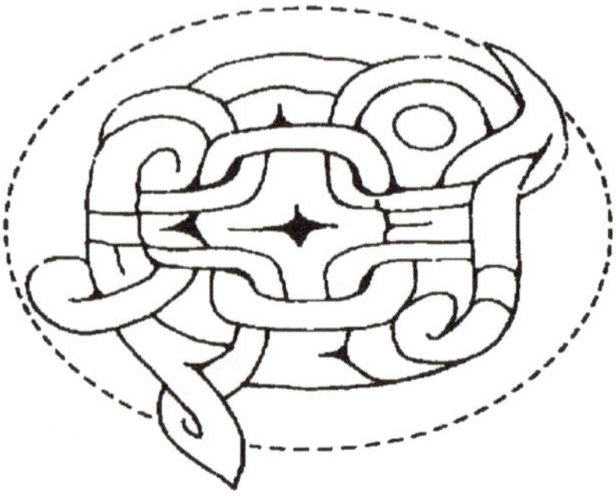

源极图，江苏昆山赵陵山遗址出土，良渚文化

玉龟，安徽凌家滩遗址出土

玉龟与玉版出土时的情形，虽不是“大龟负图”，但龟图总合在一起。《易·系辞上》说：“河出图，洛出书，圣人则之。”据说，有龙马从黄河出现，背负“河图”，有神龟从洛水出现，背负“洛书”，而其源流，则从淮河而来，此为河洛文化滥觞？在凌家滩文化的玉龟玉版与河图洛书之间，还有一个表达原始思维的图像，那就是良渚文化的“源极图”。

兼体玉鹰，安徽凌家滩 98M29 号墓出土

凌家滩 98M29 号墓出土的兼体玉鹰，工艺精湛，构思烧脑，胸前的太阳图案，以及两翼伸出的兽头，所承载的精神密码是什么？令人击掌，令人回味。也许他们需要强壮的雄鹰，载负太阳，从日出到日落，周而复始，循环往复，以至于永恒。

单体玉人，安徽凌家滩 98M29 号墓出土

凌家滩 98M29 号墓出土的单体玉人，象征凌家滩文化如快闪的玉人，在它最辉煌的时候，瞬间消失了。但它启迪了良渚文化，史前人就这样承前启后，创造了人类文明。

08

良渚化世界

—— 良渚人是文化中国的播种机

沿着玉石之路，长而又长，良渚人奋然北上，不像是逃难，反倒像扩张。

虽然战争难免，死人的事会经常发生，但良渚人还是锲而不舍逐玉远行。

他们往西北去，最远到了哪里？齐家文化遗址里发现了良渚化的玉器，是良渚人追求玉石追到了这里，还是良渚玉文化的影响到了这里？这一分别，对我们来说已不再重要，重要的是，正是在这一追求中，良渚文化的“越禹”，变成了“戎禹”。

禹在不同的文化区系和文化板块里，都显示了他的存在，这种跨越地缘和超越血缘的泛文化主义的存在，似乎在某种意义上，反映了曾经有过一个“良渚化世界”。

“从东南往西北”，“越禹”变“戎禹”，已不单是个传说，结合考古学已发现的越来越多的遗址遗迹，我们可以看到中国古代国家起源从神话到历史的运动大势。

正是在这一大势中，不仅普及了良渚文化，还使玉成了“中国”的标识，以至于在论及东西文化源头而众说纷纭的今天，我们辨别一处遗址，观其文化，究其来源，究竟由“西来”，还是从中国本土自发，确认那文化归属的就是玉。有玉，那文化便是中国的，因为西方新石器文化里没有玉，遗址里没有玉，才可以另当别论，问一下它们从哪里来。

那时候，良渚文化的影响，有点像亚历山大帝国以后的古希腊，在帝国解体后，还留下个希腊化世界，良渚人也是如此，离弃本土本国以后，他们反而拥有了一个良渚化世界，那是一个玉文化的世界，就像文艺复兴以来的欧洲人都自称为希腊人的子孙一样，那时的中国人，也都是玉的传人。玉不光成了中国文化的标识，同时还成了中国人的身份标志和个体人格的范式，不仅国家制度取法于玉器制作，发展出制度文明的规范，而且个体人格也向玉的审美属性看齐，形成了精神文明的标准。参考西方人的"希腊化世界"的说法，我们也可以把那个玉器时代的"中国"称为"良渚化世界"。就像后来的欧洲人自称"我们都是希腊人"和中国人自诩"炎黄子孙"那样，也许史前中国就曾经有过一个"我们都是玉的传人"的时期。那时，还没有"炎黄子孙"一说，玉成了当时中国人的身份特征。

良渚人的迁徙是全方位的，除了向东出海未见有遗迹，向西南和西北去的都发现了遗址遗迹。往西南的良渚文化，分别进入皖赣、闽粤、巴蜀，被融合于当地文化中，把一种文化统一性的理想赋予了当地文化，像播种机一样，一路上播下了文化中国的种子。但是，真正发展起来，开出中国历史运动大势，形成文化主流——"良渚化世界"的，是往西北的一支，这一支，在与其他文化的强强联合与冲突中，一起缔造了中华文明共同体。

"良渚化世界"首先是黄河下游海岱地区的龙山文化。前面我们多次提到这两种文化的亲缘关系，在此，我们试举一例，略做说明。孙机在《从历史中醒来》一书中，谈中国古文物，一开篇，就谈到天津博物馆收藏的一件玉鸷，那是山东龙山文化出土的遗物。在"鸷鸟、神面与少昊"一章中，孙机指出：此玉件由三部分组成，上部为一欲飞之鸟，中部为人首，下部为基座，或曰为"青玉鹰攫人首佩"，恐不确，因为人首当为神面，而非供鸟啄食的祭品。孙机还指出，与之相似的玉饰，还有两件，一件是山东日照出土的龙山玉圭，另一件是台北故宫博物院藏龙山玉圭。三件一对照，可见刻纹有多么相似。

首先，这三件神面顶部都是“介”字形，外撇两檐，耳垂两旁，眼如旋涡，如此造型，最早出现在良渚文化中。还有更为引人注目的立于神面之上的那只鸟，就颇有“天命玄鸟”的意味，其样式，最早也出自良渚文化的玉立鸟。所不同者在于，龙山玉鸟，做威风凛凛的鸷鸟状，而良渚玉立鸟则浑然素朴，萌态可掬，这大概反映了不同时期的两种诉求。龙山玉鸟在扩张时期，令人敬畏，体现了国家本质所要求的威权那一面，而良渚玉立鸟处在萌发时期，令人亲近，恨不得将那鸟儿抱在怀里，形成共同体。这样两只形似却迥异其趣的鸟，反映了古代国家起源的两个不同阶段以及国家本质从亲民到威权的两个方面。

龙山文化出自大汶口文化，同时又大量存在良渚文化的因素，有可能是大汶口文化和良渚文化融合的产物，一个是文化的父本，一个是母本。这种融合的情况，在良渚文化的遗址里有反映。孙机在书中提到美国弗利尔美术馆所藏良渚玉镯，一面刻有大汶口式的意符文字，另一面刻了一个带座神主形象。两种文化符号，统一在一个玉件上，分明在提示着两种文化已有了合二为一、融为一体的趋势，为良渚文化进入龙山文化准备了前提。

除了神主，还有安放神主的基座，孙机也对两种文化的刻纹做了比较。他发现，大汶口之带座神主式的记号曾在南京北阴阳营出土的良渚陶尊残片上出现过，而且就在天津博物馆藏的那只龙山玉件的基座上，他又发现，基座上部刻有“反动”之二鸟——两只反方向飞翔的鸟是否有暗示“反者道之动也”的意味呢？这样的图案，在良渚文化的玉梳背上也时有发现。另外，台北故宫博物院藏龙山玉圭神面刻纹两侧还刻有两个人像，这也是从良渚文化里来的，在反山 16 号墓出土的良渚玉冠饰和瑶山 7 号墓出土的良渚玉三叉形器上都发现有神面两侧的人像。种种迹象表明，良渚文化推动并参与了一个伟大的文化共同体的建设，正是在这一建设过程中，良渚人给我们留下了一个令人神往的“良渚化世界”。

中国历史的统一性，若要追根溯源，就应该到史前“良渚化世界”去寻觅。孙机说，孔子周游列国时不用带翻译，秦始皇“书同文”只不过是一道行政命令，之所以能心想事成，是因为“中华古民族在遥远的时代中已经形成了一个庞大的文化共同体”。这一“共同体”，也许就从“良渚化世界”开始，也就是孔子“祖述尧舜”的那个尧舜时期。

雷纹彩陶缶，山东泰安大汶口遗址出土

八角星纹彩陶豆，山东泰安大汶口遗址出土

良渚文化与龙山文化是有亲缘性的，良渚文化与山东大汶口文化同时，又同在一个文化区系，两种文化结合，产生了龙山文化。大汶口文化位于山东泰安市郊大汶口镇，距今约六千六百至四千五百年，与良渚文化约同时代，遗址出土以精美的陶器为主，还有玉器、石器、骨器、象牙雕等。

龙山文化位于山东章丘龙山镇城子崖遗址，1931年开始发掘，发现了种类繁多的黑陶陶器，制作极为精美，陶壁薄而光亮，又被称为蛋壳陶。与良渚文化的黑陶陶器为一个系列，但制陶工艺更为精湛。

黑陶镂空高柄杯，大汶口文化晚期，上海博物馆藏

蛋壳黑陶高柄杯，山东日照东海峪出土，龙山文化，山东省文物考古研究所藏

人面纹圭，高 24.6 厘米，宽 7 厘米，最厚 1.2 厘米，龙山文化晚期，台北故宫博物院藏

青玉鹰攫人面佩，高 6.9 厘米，宽 4.7 厘米，龙山文化，阴线雕兼镂雕，正视、站姿展翅的鹰，鹰爪下连人面，最下端是一兽面，均用浅浮雕琢制而成。或与东夷族有关，且直接启蒙商代玄鸟与青铜器纹饰。天津博物馆藏

人面纹圭中段部分的四面及其纹饰线绘图

冠状玉器，浙江杭州余杭反山遗址出土，良渚文化

冠状玉器，浙江杭州余杭瑶山遗址出土，良渚文化

玉头冠饰，山东临朐出土，龙山文化

龙山文化的头冠饰，与良渚瑶山遗址出土的冠状玉器风格气质相近，但更为成熟精致。

夏禹，山东嘉祥武梁祠东汉画像石拓片

大禹手中持耜，上穿宽袖衣，下穿裳，脚蹬方口鞋。武梁祠是东汉晚期一座著名的家族祠堂，内部装饰了大量的画像石，讲述了神话传说中的造物者和历史开创者的故事。

09

审美的国度

—— 以玉的审美属性表达国家理想

《尚书·禹贡》是一篇最早的有关古代国家起源的纲领性文件。

其中，有确立“九州”的王国规划，有对“五色土”的王土考察。

良渚文化赶上了中原地理王国兴起的这波浪潮，但在迁徙中，而非其鼎盛时候。它原有的那个国，也许是被洪水和海侵毁了，也许在阶级斗争和文明的冲突中衰亡，但“塞翁失马，焉知非福”？其主流文化北上，参与广域王权国家的建设中了。

文明的迁徙，就其客观因素而言，或由天灾人祸所驱动，然主观方面，则非全然消极，亦自有其进取的路线和方向。良渚文化以玉立国，故其迁徙，便向玉料来源的玉石之路进发，就像青铜时代的殷商总是向铜锡矿的所在地迁都一样。但其玉料来源，已不再来自东部沿海的东北方向，而是转向西北内陆方向，在《尚书·禹贡》的九州里，就是那条从扬州通往雍州、从瑶琨通往球琳的玉石之路，也就是太史公曾经说过的那条历史运势线。

可那条玉石之路，也不是良渚人开辟的，还在仰韶文化占主导地位时，从扬州到雍州，就有一条彩陶之路连着。良渚人一旦开始寻求新的玉料来源并传播其玉文化，便重启了这条彩陶之路，并转化为玉石之路，形成一条“从东南往西北”的玉文化带，连接了好几个玉文化板块。其中，位于西北内陆地区的齐家玉文化板块，也就是盛产“球琳”——和田玉的雍州，明显受了良渚玉文化的影响，其玉璧、玉琮等均来自良渚文化。

我们知道，齐家玉文化的重要性在于玉资源丰富及其品质优越，而非制玉工艺的先进，更非玉的宇宙观念和国家观念发达。杨伯达指出，中国西部史前文化有一大特色，那就是“高度发达的彩陶文化抑制了玉文化的抬头”。西部玉文化是在彩陶文化方衰，青铜文化方兴之际，突然爆发了一阵子，很快便向青铜文化转型了。很显然，齐家玉文化的突发性，是外来冲击催发的，这冲击力，便来自玉石之路，有可能是良渚玉文化“从东南往西北”，成了催发姗姗来迟的齐家玉文化的第一推动者。

不过，齐家玉文化虽然后发，但和田玉的国玉品质却赶在古代国家起源时被开发出来了。更何况以玉立国，要用玉文化来表达国家的本质及其制度化属性，这样就产生了对玉的几乎是无限量的需求，玉石之路的重要性一直延续到汉通西域，还专门为此设了一座玉门关。后来，西方人所谓“丝绸之路”，对于当时的中国人来说，其实还是“玉石之路”，西方人从这条路上要丝绸，而中国人还是要玉，由此可见中国传统文化里的玉根。

当青铜时代来临时，虽然青铜作为新的文明载体——礼器、兵器、工具，更能反映一个国家的综合实力，更能代表文明开化在造物方面的新进展，但玉作为国家上层建筑，在制度和意识形态以及政治伦理的人格层面依然发挥着神圣而不可替代的作用，以至于青铜礼器再怎么仿制玉器，也难以达到玉文化曾经达到的高度。差距不仅表现在制度文明的最高端，如玉玺，还表现在个人信仰与个体人格的精神层面，如君子佩玉。在中国，迟到的青铜文化，虽然参与了礼制建设，却未能决定礼制的文明样式，形成中国文化的质。

中国文化的质，在玉石分离时，便已初露端倪，《说文解字》解“玉”曰：石之美者。这就是说，玉与石的区别，就一个字：美！玉，本来是石头的一种，因其本质为美，而与石头分离。美，不仅仅是人的一种本能感觉，它还是人的一种文化认同，因此，人的审美能力，可以说是人之所以为人的本质属性。让我们试想一下，当人刚开始站起来时，他第一眼发现的是什么？究竟是什么使人从四肢爬行改为直立行走？人们尝试着考虑许多理由，当然创世说里没有这样的烦恼，这是进化论必须面对和回答的问题。目前比较流行的回答是使用工具和劳动创造人，这些都涉及人之所以为人的根本。但是，如果我们再追问一下：若使用工具的前提是人必须直立，那么又是什么使人选择了直立？这就使我们回到了那个最根本的问题：人刚一站起来时，到底看到了什么，使他必须直立？我们的回答是：美！

人类不是为了使用工具而站起来的，不是为了成为社会性的人而开始劳动的，使人成其为人的根本就是美。人本来在爬行中，可他突然站起来了，眼里反映的世界，变得完全不一样了。站起来的世界，是一个崭新的世界，同原来爬行的世界相比，他对这个陌生新世界的第一眼感觉，那就是美。在《圣经》创世说的伊甸园里，人是为了追求智慧而偷吃禁果的，从伊甸园出走，是为了实现一个理性的王国。而在进化论的选择中，智慧为果而非因，智慧的源头还有美，对于美的追求，使人发现了新世界。在创世说里，人是一次性被上帝创造出来的，而且是上帝照着自己的样子造就的，所以，美不是一个问题。然而，在进化论里，人之所以为人是由于人的选择，从爬行到直立行走，根底在于对美的追求。

美是文明开化的混沌状态，也是人与天地万物自然契合的原始形态。《庄子》说“七窍开而混沌死”，所谓“七窍开”，开的就是智慧，耳聪目明，能言善辩，都是智慧的表现。眼睛有眼睛的观点，耳朵有耳朵的立场，嘴巴有嘴巴的话语权，它们都没有否定美，而是割据美，分享美，将美转化为趋于进化且富于竞争性的感官能力——智慧。在对智慧的追求中，“混沌”——具有原始统一性的美，被感官的知性功能分割——“死”了。但美，并未消失，通过感官复活了，并对象化为审美的尺度——艺术。在对美的追求上，没有比玉文化更彻底的了；在对美的表现上，没有比玉器更纯粹的了；在人类所有的生产活动中，没有比制造玉器更超越功利趋于审美的了。迄今为止的各种产业，都是以功利为目的的，只有玉器生产，一开始就是为了审美——为美建立标准和规范，使美呈现出文明样式。

尽管杨伯达在《“玉石分化”论》中，首先强调了“玉的生产功能——玉工具的出现是玉石分离的分水岭”，但同时他又指出，那些“玉工具”，有可能是一种礼仪性而非生产性的工具。对此，我们认为，那是对生产工具所做的审美式表达，并不承担生产过程中基于生产目的的功利性诉求。接着，他又强调了玉的另外两种功能——“玉之美的功能”和“玉的神物功能”。这样说来，似乎是从经济基础和上层建筑的关系出发所做的安排，因而未能深入史前玉文化的本质——对“玉石分离”的审美中来。正是审美，导致“玉石分离”，不仅确立了玉的独立品位，而且通过玉，美也得到了集中反映。“玉之美”在一个更高的层面上重启了美的原始统一性，将文明的功利性、权威性和神圣性重新纳入审美的统一性中，以新的本体性和主体性，以特有的玉器制作方式——琮钺璧，缔造一个审美的国度。这或许就是良渚文化所追求的玉的国度，这或许就是良渚先民为之流浪的诗与远方。

自从玉石分离后，便有苍黄新宇宙。
五千年来国何在？要从审美问去留。

也许现实的王国不那么“理想”，不那么符合审美的尺度，王权主义“理性”的狞厉气质异化了“理想”的玉润之光。但“理想”可以失败，却不会失去，君不见五千多年后的中国人，还在锲而不舍追求玉润的光芒，神州大地上依然涌动着对玉的收藏。

玉瓦垅纹琮，齐家文化

白玉璧，外径 8.8 厘米，孔径 2.7 厘米，厚 0.9 厘米，甘肃武威皇娘娘台出土，齐家文化

齐家文化位于甘肃广河齐家坪遗址，范围东起渭水流域，西至湟水流域，南达白龙江流域武都地区，北入内蒙古自治区阿拉善左旗。重要遗址有甘肃永靖大何庄、武威皇娘娘台、永靖秦魏家及青海柳湾等，年代距今约四千年。齐家文化除了传统的农业、畜牧业、制陶业外，还有一个新技术行业兴起，那就是冶铜业。在武威皇娘娘台首次发现红铜器物，有铜刀、铜凿、铜锥以及齐家坪有铜镜，是目前发现的最早的红铜器物，表明齐家人已经迈入青铜时代的门槛。在武威海藏寺公园内有一处齐家文化制作玉石的作坊，出土玉石器 200 多件，包括生产工具、生活用具、礼器和装饰器，水平虽然不如良渚文化的玉器，但与良渚玉器是一个母源。

玉背象牙梳，周家浜遗址出土，良渚文化

玉串饰，浙江杭州余杭瑶山遗址出土，良渚文化

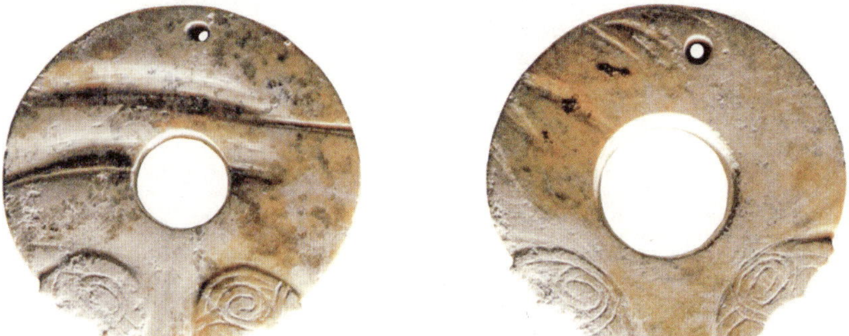

玉圆牌，浙江杭州余杭反山遗址出土，良渚文化

良渚文化在玉上释放的审美信号，以及神性的表达都是非常丰富的。

半圆形兽面玉饰，浙江杭州余杭反山遗址出土，
良渚文化

玉端饰，浙江杭州余杭瑶山遗址出土，
良渚文化

10

文明摇篮地

—— 国家起源的地理条件

良渚化世界的下一个里程碑在陶寺，陶寺文化里有许多良渚元素。

陶寺遗址在山西临汾，古称平阳，历史上有“尧都平阳”和禹“又都平阳”的说法。于是，有人提出，“陶寺文化”正是尧、舜、禹时期的文化，其遗址，亦自临汾以下，由北而南，沿汾河下游分布在襄汾、曲沃、侯马、稷山一带，一直到了黄河边。

陶寺文化早期，很可能与帝尧——陶唐氏的传说有关；其中期，便产生了“都邑”——国，然后，从汾河南下，经过汾运盆地，翻越中条山，渡过黄河，进入豫西平原；到了它的晚期，陶寺文化进一步发展壮大，转型为中原地理王国的二里头文化。

汾运盆地，位于山西临汾和运城之间，西面有吕梁山，东南有中条山，北方有太岳山，来自吕梁山的汾河，从盆地流过，在与浍水合流的三角地形成了汾运盆地的核心区域。盆地，是宜于文明诞生的产床，也是襁褓中的文明婴儿生长的摇篮，应有河流为新生的文明哺乳。竺可桢之《天道与人文》言，文明起源时都很脆弱，有如婴儿，待其成熟，要有漫长时间，其间，如有蛮族入侵，“则一线光明即被熄灭”。有幸能成长起来的文明，都有一定的封闭性，或居半沙漠地带，或为“四塞之国”；在汾运盆地里孕育起来的陶寺文化，就是这样一个被吕梁山和中条山团团围住的封闭性的文明的摇篮——“四塞之国”。

严文明《良渚文化与中国文明的起源》一文也谈到，崧泽文化主要分布于太湖的东部和北部，东南只到嘉兴地区，杭州地区极为少见，良渚遗址群所在的良渚－瓶窑一带基本不见。也就是说，良渚文化是从外地迁来的。严文明认为，这像是有组织有计划的行动，其背后显然存在着一个拥有很大支配权的权力中心。这个中心，当然也就是那个在平原大泽兴起旁湖临海而居的崧泽文化大本营，来到天目山两支余脉南北夹持的小盆地里发现了古代国家起源的地理机会，就在这个东西长约 8 公里、南北宽 3~5 公里、面积约 34 平方公里中间有东苕溪穿过的小盆地里分娩了良渚文明。良渚文明是崧泽文化在浙西山地与浙东平原的交接地带播的种，文明的种子在这一带生根，发芽，开花，结果，长成良渚文化。它克服了崧泽文化有水可恃无山可依、有路可通无险可守的弊端，在一个既便于防守又利于交通的环境里独立自主地成长。总之，它就是一个在史前为了古代国家起源而出生的文明的婴儿。

陶寺文化的情形，同良渚文化类似，它也是龙山文化自东向西迈向古代国家起源的关键一步。张光直在《中国相互作用圈与文明的形成》一文中指出，龙山文化从黄河下游向黄河中游发展，因地制宜，因势利导，在原地区仰韶文化庙底沟类型的基础上，发展出自己的文化类型。晋南临汾盆地类型，也就是陶寺文化类型，即龙山文化在黄河中游发展的较为成功的一支，所谓“成功”，是指向着古代国家起源的目标迈进所达到的程度。

张光直说，目前在临汾盆地的坡地上已发现七十多处遗址，仅陶寺遗址有较为详细的报告。该遗址，其遗迹遗物分布范围，约有 300 万平方米，仅一小部分被发掘。遗址中，最重要的发现，是一处大墓，据说，这片墓地有数千座墓葬，已发掘的便有千余座。

值得注意的是，墓葬都是单人土坑，头朝东南，那朝向仿佛在说：人从哪儿来，要回哪里去！就在那方向，有条魂归路，那儿有故土，那是魂归处。当一种文化孕育了新的文明，那新的文明其实不宜于故土出生。因为故土的一切都已定型，新的理想难以寄托，更何况故土资源有限，容不下反传统的理想生根，于是，文明的迁徙与文化的转型共生。在文明的阵痛中，首先想到的便是要为新生的文明找到一个安乐窝——分娩的盆地，使之有利于新的理想诞生，有利于新的文明成长，而陶寺遗址所在地就是这样一个适宜的地方。

走出血缘性的故土，走向地缘化的国家，这便是龙山文化的开国者们所怀有的理想。正是这一理想，造就了中国传统中最古老的一代英雄和贵族。比较起来，他们似乎就像近代史上美利坚合众国的开国者们那样，带着他们自己的新教信念和新世界的梦想，从黄河下游来到黄河中游，从海岱地区来到临汾盆地，不光要把“良渚化世界”里那个玉制的国家样式贯彻到底，还要往那审美的国家观念中注入青铜的血性和魄力。他们除了具有良渚文化所表达的优雅的丝玉气质，还有龙山文化所追求的刚强的青铜气魄，正是龙山人把这两者结合在一起，缔造了一个国——“合众国为一国”，也就是孔子“祖述”的尧舜之国。

那个“国”，成了后世的理想国，“尧舜”也就成了后世所有君王的楷模。孔子“祖述尧舜”，是把“尧舜”作为人文始祖，孟子说“人皆可以为尧舜”，是把“尧舜”作为人性的最高代表，所有人都必须向“尧舜”看齐，把“尧舜”当作全人类的榜样。

以至于到了晚清，还有个名叫徐继畬的人，在他的著作《瀛寰志略》里说他从美国的开国者华盛顿身上看到了“尧舜”禅让，从美国那个“合众国为一国”的国度里，看到了中国先王追求天下为公和人类大同的理想。“尧舜之国”究竟怎样？显然不是秦汉以来的王朝模样，也非秦汉以前的三代那样。尽管后世君主皆以之为榜样，但他们之间还是有根本的不同，那就是后世君主世袭而尧舜禅让。世袭与禅让是政治运行的不同目标和方向，以君主制行禅让，不管你怎样高举尧舜的旗帜，那也就如同南辕北辙一样走错了方向。

玉环，山西襄汾陶寺遗址出土，龙山文化

玉钺，山西襄汾陶寺遗址出土，龙山文化

玉面兽，山西襄汾陶寺遗址出土，龙山文化，与良渚文化的神徽和红山文化的玉牌饰有交融关系

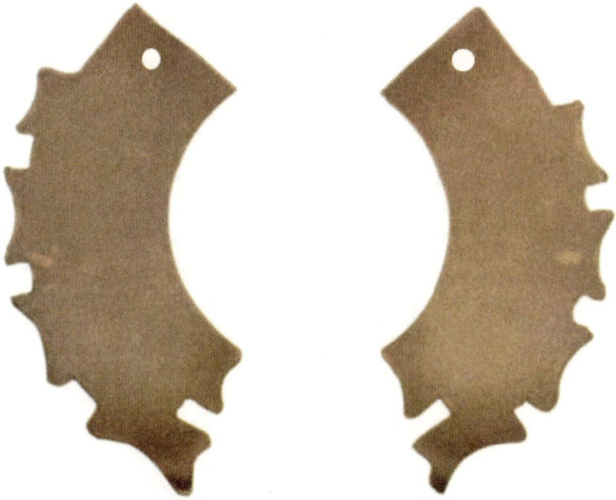

玉璜形佩，山西襄汾陶寺遗址出土，龙山文化

鼍鼓，山西襄汾陶寺遗址出土，龙山文化

陶寺遗址，位于山西襄汾县陶寺村，是中原庙底沟二期文化进入临汾盆地的一个文明样式，也是中原区系龙山文化系列中规模最大的一处，年代在四千三百年至三千九百年前。著名考古学家苏秉琦先生曾这样认为："陶寺文化不仅达到了比红山文化后期社会更高一阶段的'方国'时代，而且确立了在当时诸方国中的中心地位，它相当于古史上的尧舜时代，亦即先秦史籍中出现的最早的'中国'，奠定了华夏的根基。"苏先生以之对比从东北来的红山文化，似乎忽略了它还有从东南往西北来的良渚文化的基因。

11

农牧大合唱

—— 农牧分界线上的皇城台

走向合众国，一走就是几十年、上百年乃至几百年都有可能。

为了一个共同的目标，他们从高山来，从大海来，沿着古代国家起源的两条“地理机会”线走来，从苏秉琦所说的“六大文化区系”向一个中心辐辏而来。

他们从良渚文化来，从红山文化来，从东南往西北，是良渚文化的路线，从东北往西南来，是红山文化的路线，这两条运势线，形成了中国历史的十字架。

十字架的交点，那就是中原，陶寺文化和石峁文化，便是这两条线上的据点，它们的区域都处在农牧分界线，历史已注定了中国要在文明的大合唱中诞生。

这条农牧分界线，分为南、北两线，南有“龙门—碣石”一线，北有“长城—阴山”一线，陶寺文化位于南线，偏向农耕，石峁文化位于北线，偏向游牧。

南线，西起吕梁南端的龙门山，往东北延伸，越霍山，至昌黎，抵达渤海湾，系由太史公于《史记》中提出，人称“司马迁线”，游牧民族于此一线入主中原。

北线，最重要的，是位于贺兰山以东、吕梁山以西、阴山以南、长城以北的河套地区，黄河在此地，沿着贺兰山北上，被阴山阻挡折而向东流，经由吕梁山南去。一条千里滔滔的大河，除了被三山围护，还有鄂尔多斯和陕北两大高原挟持，形成“几”字形弯套，这便是人称“黄河百害，唯富一套”的“河套”。清人何丙勋作《河套图考》，序曰“河以套名，主形胜也。河流自西而东，至灵州西界之横城，折而北，谓之出套。北折而东，东复折而南，至府谷之黄甫川，入内地迂回二千余里，环抱河以南之地，故名曰河套”。

河套平原，分为“西套”和“东套”。西套，指宁夏银川平原。东套，又分为“前套”和“后套”。前套，指内蒙古土默川平原，“土默川”是明朝人的称呼，南北朝时，称“敕勒川”，即“敕勒川，阴山下，天似穹庐，笼盖四野，天苍苍，野茫茫，风吹草低见牛羊”的地方。后套，指内蒙古巴彦淖尔平原。秦汉时期，中原王朝与匈奴争夺的主要战场，就在前套平原和后套平原，这里是黄河流域的龙盘虎踞之地，也是龙战虎斗的战场。

站在农牧文明分界线上来看中国历史，就不能专用农耕文明的观点，还要用游牧文明的眼光。这样来看，中国传统里其实有两个中原，农耕文明的中原，在长江、黄河两大流域中间；游牧文明的中原，靠近阴山和草原，在黄河拐弯处形成的河套平原。同样，中国传统里其实也有两个“南北朝”，站在游牧文明的立场，南北朝以长城为界，以汉家为“南朝”，胡人为“北朝”；站在农耕文明的立场，南北朝以长江分界。这样来看黄河，便同时出现两个“河南”，游牧文明的河南在河套地区，农耕文明的河南在黄河中游以南。

我们曾于贺兰山下观黄河北去，直奔阴山，山河辽落，默然以对，诗曰：

黄河本是一首歌，千言万语不必说。
江山自有哽咽处，路过河套要快活。

人称河套为“塞外江南”，这当然是从人文地理上来说的。地理方面的因素，无非山川风物，风物虽有变化，但山川基本格局仍在。我们有理由相信，史前河套比现在更像“塞外江南”，那时的河套地区，一定是一片辽阔的碧水青山和草原绿洲，不像现在，化为黄土高原，或处于沙漠化边缘。而人文方面的因素，主要就是历史和风俗，风俗暂且不论，我们来看历史。历史上，所见最早河套人，都是匈奴人，匈奴人跑来跑去的河套，绝非“塞外江南”，“塞外江南”应该比匈奴人更早，很可能是“良渚化世界”的历史遗产。

匈奴号称“行国”，流动性强，是不筑城市的，他们的国家在马背上。城市，乃农耕文明的产物，但国家却不一定。城市并非国家形成的必不可缺的条件，因为古代国家的根本并非这些外在的文明样式，而是由内在的民族精神凝聚而成的以权力为中心的政治－经济－文化三位一体构成的命运共同体。能行使权力的共同体就可以算作一个国家，并非用城墙围起来的城市才是国家，在马背上和帐篷里的也是，匈奴就是这样的国家。

好在发现了比匈奴人还早两千多年的石峁文化，让我们看到了“塞外江南”的本来面目。在石峁文化里，就如同在陶寺文化里一样，我们看到了一个“良渚化世界”的史前文明样式。“良渚化世界”的一个显著标志，就是城市，营造大都市，数以百万平方米计。良渚古城遗址约 300 万平方米，陶寺古城遗址约 200 万平方米，石峁古城遗址约 400 万平方米，都是那种外城套着内城、内城套着宫城的由高台式建筑群构筑的金字塔式的“皇城台”。

良渚文化最早走出乡村群落，实现城乡分野，开启了“体国经野”的新样式，被龙山文化从黄河下游带到黄河中游带到农牧分界线的南北两线上来发扬光大了。

有所不同的是，良渚文化偏于神权和信仰，到了农牧分界线上，信仰被逐步淡化。都城石砌“皇城台”重在王权，而土筑“金字塔”则偏于神权。这样的变异，还反映在“良渚化世界”的另一个标志——玉器系列上。我们知道，在良渚玉文化里，璧、琮、钺的组合最能反映良渚人的国家观念和神权思想，陶寺文化也有这样的玉器组合，但只保留了其中与国家观念有关的制度化的形制，没去追随反映它的神权思想的神徽之纹饰。到了石峁文化中，这一套组合就被解构了，因为代表神权的琮出局了。原以为石峁文化没有玉琮，后来发现有一把长条形玉铲，两边有等距离阴刻线，系由玉琮改制而成。原有玉琮，却改为玉铲，显然是对玉琮所谓神权的颠覆，看来良渚人的宗教信仰，在农牧分界线上已消失。

我们看“良渚化世界”，除了看古代国家的文明样式——城市，看古代国家的制度化标志——礼玉，还要看那代表农耕文明的重器——犁。犁，常见于良渚文化里，它出现在农牧分界线上，可以说是农耕文明的胜利。陶寺文化和石峁文化，都属于中国北方旱作农业区，都是以农业为主导以牧业为辅助的文化。何以中国先民追求“合众国为一国”的大一统的理想，还要不远千里跑到农牧分界线上来？那是因为，只有在农牧分界线上，才能实现两种生产方式和两个文化形态的大融合，也只有在这样的大融合中，能为“合众国为一国”建立共同的经济基础和文化前提，有了这样的基础和前提，“天下”方才开启。

四千年前的万里长城第一城——石峁古城

史前农牧分界线上的中国，四千年前的万里长城第一城——石峁古城，据说是比良渚古城还大的古城，而且还是用石头修筑的。石峁遗址里出土了很多玉器，精品很多，看来良渚文化影响到了这里。不过，有一件最为独特，叫作“一目国人面”，看人的视角，很像毕加索，在良渚文化里从未见过。

“一目国人面”，
陕西榆林石峁遗址
出土，龙山文化

第4章

最早的中国

文化中国

01

最早的中国

—— 从仰韶文化的庙底沟类型谈起

良渚文化对玉的追求，造就了玉制的国家和礼玉的“良渚化世界”。

龙山文化追求“合众国为一国”，则造就了一个伟大的国家：中国。

良渚文化跟大禹有关，跟夏朝无关，即便在传说中，禹也不是夏朝的开创者，他的儿子启，才是传说中夏朝的始作者，我们寻找“最早的中国”，不是寻找夏朝。

“最早的中国”不是王朝中国，而是由文化认同形成的“文化中国”。

“文化中国”早就存在，它在不同的时期，有不同的代表。彩陶时代，仰韶文化的庙底沟类型做了“文化中国”的代表；玉器时代，良渚文化做了“文化中国”的代表；青铜时代的滥觞期，以龙山文化做代表，“王朝中国”时期，则以商朝做代表。随着“王朝中国”不断改朝换代，“文化中国”也不断开创自己的新时代。“王朝中国”的时代性，表现为一个个朝代，而“文化中国”的时代性，则表现为诸如《诗经》时代、诸子时代等。总之，我们说中国文明五千年，是针对“文化中国”来说的，“王朝中国”充其量只有三千余年。所谓“文明古国”，要放在“文化中国”上来说，不能放到“王朝中国”上来说。

考古学在中国兴起，是考据学的合乎逻辑的发展，受了新文化运动的影响，从考据学里产生了一个疑古时代。但考据学只有文献依据一条腿，疑古尚嫌不足，刚好考古学补充了文物证据，疑古时代终于可以两条腿走路了。可刚确立目标，向着目标才走了几步，便有人想要回头，提出要“走出疑古时代”，从“疑古”走向“信古”，也就是走向王朝回归，企图把已经被考据学怀疑了的《史记·五帝本纪》里的帝系，用考古学重新找回来。

政治上是早已不能复辟帝制了，何以文化上还那么热衷于复辟帝系呢？“信古”没有错，但“古”不能与王朝等同起来，我们相信中国有五千年的文明史，但不等于认同王朝中国史有五千年。我们也“信古”，但我们“信”的不是王朝中国的“古”，而是文化中国的“古”。在这一点上，我们完全同意“疑古”思潮对史官文化和王朝史观的怀疑，但我们不能同意打着“中国文化西来说”的旗帜怀疑文化中国的“古”，我们不反对“西来说”，但我们更相信有“西来”必有“东去”，古人云“来而不往非礼也”，除非人种都换了。

有人说，二里头遗址就是夏墟，或者说希望是。为什么会这样？说到底，那还是因为史官文化。史官文化的传统，就是从王朝出发。殷墟的发现，虽然号称用“科学的方法”证实了“有册有典”的商朝，但其实，还是在延续清人的考据，只是在历史的考据法里加了“二重证据”。将考古引入史学，本来是一次“范式革命”，然而，考古学对于史官文化和王朝史观的挑战，却被“二重证据法”扭转了。考古学的意义，从发现远古文化中国，转向证明王朝中国，满足于用地下证物来确认传说中的王朝，用碳－14年代测定法之类的玩意儿，将一代王朝的存在往前推几百年乃至上千年，不光为民族主义打气，还为王权主义寻根。这样，史官文化的仓库里又多了一件修补历史的工具，考古学变成了修补术。

以殷墟成功为范例，考古人又走向以“二重证据法”来确认夏墟，可他们本有更重要的工作要做，那就是从不同时代的各种类型的文化中去发现它们的统一性，发现那个文化中国。可惜并未这么做，因为在文明的源头上，他们还没有分清什么是文化中国和王朝中国，还在把历代王朝当作唯一的中国。这也难怪，以王朝作为中国的本体和主体，在王朝史观里，在二十五史里，已然天经地义。王朝遮蔽中国，王权代表文明，已历三千余年。近代虽有新文化运动兴起，而以经济史观和文化史观变更旧史，但依然还是附着于王朝立言，言经济，而重“资治”，谈文化，而贵“经世”，历史观的经纬度，横竖还立在王朝里。

二里头刚冒头，马上就联想到夏墟，这已成为中国考古人的老习惯，形成了一种思维定式，老掉了牙的王朝史观还要牵着考古学的牛鼻子走，还在走“王朝为体，史官为用，考古资治”的王朝中国的老路子。但，我们所见的考古学的面貌，都有它们自己的样子，没有必要非得去对照王朝中国这面镜子，并且按照镜子里面反映的样子来确认其身份，参照一下是应该的，但不能被参照物纳入其中，而失其本来面目。二里头文化，就是由龙山文化发展而来的，是由仰韶文化庙底沟类型二期同龙山文化融合而成的中原龙山文化。

所以，“最早的中国”，就应该从仰韶文化的庙底沟类型说起，远在王朝中国出现以前，它就呈现了一个文化中国的样子，因此，我们可以断定，“最早的中国”应该是文化中国，而非王朝中国。也许有人会问，不是还有比它更早的河姆渡和马家浜文化吗？为什么就要从庙底沟说起呢？我们的看法是，无论河姆渡也好，马家浜也罢，都未能形成具有“中国”规模的广泛影响，“文化中国”开始形成，便由于仰韶化世界的庙底沟类型。

六千多年前，有一种文化，覆盖在陶器上，发着红与黑的极其简约的色调，向我们宣示着人性的原生态的大朴之美，表达了一种万物之灵特有的美的诉求，开显了以审美为标志的宇宙，这就是仰韶文化中的彩陶文化，尤其是彩陶文化中的庙底沟类型。

有人采集了庙底沟类型的几乎所有彩陶纹饰，检索了它们的分布范围，将这些范围结集起来，就形成了一张庙底沟彩陶文化传播的全景图。此图所覆盖的疆域可谓辽阔，北抵河套，西至甘青，南及长江，东临大海，称得上是一个“最早的中国”。最起码，这样的一个范围，便是中国历史演进的核心区域，如此大范围的文化认同，形成“文化中国”。

科学时代来临时，英国人培根说过一句名言：“知识就是力量。”这话，如果让六千多年前彩陶时代的人来说，他会说“审美就是力量”。在知识和权威尚未开化与确立的时代，没有什么比美更容易使人达成共识，没有什么比共同的审美活动更容易使人产生认同并形成文化共同体了。彩陶之美，美在形制，更在图案与纹饰，而图饰之中，被认同程度最高，播散范围最广，达成共识最为普及的，便是庙底沟类型的花瓣图饰，有双瓣式、四瓣式和多瓣式。而“花”与“华”同义，于是，有人说，“中华”的根底，就在那些花瓣里。

庙底沟彩陶文化，可以说是中国最早的大众传媒，那些陶器，在流通中传播的，不是信仰，而是美。信仰有分别，而有分别就有对错，就有是非，就要求真理。美无分别，但有差异，而差异只是程度不同，不会产生对立，更不至于势不两立。中西文化不同的根源，也许就在这里，西方基于信仰，中国立于美。因此，“最早的中国”是一个追求美的国，将美的样式普及全国，应该归功于庙底沟文化。正是庙底沟的彩陶文化的普及成了文化中国的缘起，中华文明之源，最初的起点，就在庙底沟遗址。但其局限在于，因完善而僵化，当玉器时代来临，它未能及时反应，后果，就如同良渚文化对青铜加以排斥。

彩陶盆，河南陕县庙底沟遗址出土，仰韶文化

彩陶时代的仰韶文化里有个中国，是庙底沟类型的中国，据说，那就是最早的中国，在我们看来，也是最美丽的中国。那盛开在陶器上的彩陶之花，简直就是个花花世界，所谓“中华”，所谓“华夏”，在今天读来，字面上依然依稀可见当年留下的那些花——“华”。“华”就是花，“中华”就是花的中国，“华夏”就是花夏，花的根底就是仰韶文化。

进入玉器时代，仰韶文化开始转型，到了庙底沟二期，便转向龙山文化，形成了中原龙山文化，那个花花世界，就从陶器转到玉器上了，后来又通过玉器转移到了青铜器上。在青铜器上打造花花世界，是中国文化才有的特质。

彩陶盆，河南陕县庙底沟遗址出土，仰韶文化

白衣彩陶钵，郑州大河村遗址出土，显示出庙底沟类型对其他文化的影响

02

考古的目标

—— 要把文化中国找出来

玉器时代的文化中国以“起于东南，成于西北”的良渚文化为代表。

良渚文化，不仅追求一个审美的国度，还热衷于建立一个信仰的国家。如果说对于美的追求形成了“良渚化世界”，那么对于信仰的追求则成了良渚文化的绝唱。

也许有人会说，那个最早的王朝，也就是殷墟里的王朝——商，不就是个审美与信仰高度结合的朝代？诚然，殷商青铜文化经由良渚玉文化而来，青铜器的形制与纹饰依然呈现良渚化的样式，殷人“率民以事神”，看来也能从良渚文化里找到信仰的原型。

但，我们还是要将它们区分，因为它们毕竟是两个时代的代表，一个代表了玉器时代，另一个代表了青铜时代。同时，还是两个中国的代表，一个代表了文化中国，另一个代表了王朝中国。再说，它们信仰的神不一样，殷人信仰的是由祖先神发展而来的上帝，是对人格化的神的信仰，而良渚人信仰的是能使万物一体实现天地人大一统的太阳神。

良渚文化发展了仰韶文化庙底沟类型的审美理想，成就了玉器时代的辉煌。但是，有所不同的是，良渚文化的美附着于信仰，就如同欧洲中世纪的艺术离不开宗教，这就与庙底沟以来的“文化中国”的传统不一样了。

新兴的“文化中国”并未全盘良渚化，而是做了自己的选择，它选择了玉制的国家，放弃了信仰的国度。我们从龙山文化到陶寺文化，再到石峁文化，所见的情形，便是在“良渚化世界”的新进展中，信仰却不断衰退。

但是，我们还是把史前中国的重点，放在了良渚文化上，既没有放在比它早的庙底沟文化上，也没放在比它晚的龙山文化上。这是为什么呢？我们谈“文化中国”，要从两个方面来谈，一方面是文化形态，另一方面是国家形态。庙底沟文化，在文化形态上有了一个“中华”的样式，然而在国家形态上却未能形成“中国”格局，也就是说文化普及的范围还没能向国土规模转化，文明的样式还没有向国家制度转化。而这两点，恰恰便是良渚文化的优长，正是在庙底沟类型的文化的江山基础上，良渚人用“礼玉”化的玉器文明，表达了他们“唯王建国”的理想，谱写了他们“体国经野”的主张，以及他们对神的信仰。

也许有人会问，为什么不选龙山文化作为史前文化中国的重点，难道“合众国为一国”的理想不是在龙山文化的基础上形成的吗？既然文化中国的史前面貌呈现出以龙山文化为主体的大融合样式，何不直截了当就以龙山文化作为文化中国的出发点呢？

对这个问题的回答，就跟我们对中国史前文明的一个基本判断有关了。

我们认为，中国史前文明的时代性与西方有一根本不同，那就是西方文明是从新石器时代直接进入青铜时代，而中国史前文明在新石器时代和青铜时代之间有过一个玉器时代，中国文明起源以及古代国家起源是在玉器时代而非青铜时代。现在的所谓古代国家起源的“中国特色”，放到史前来看，就是世界文明史上那个独一无二的玉器时代，正是通过玉文化的兴起和普及，出现了代表国家观念的礼玉，形成了作为国家制度的礼制。就此而言，我们可以说，玉是文化中国的国体，青铜是王朝中国的国体，龙山文化属于两头跨，两不靠，哪一头都不能代表，它既不能代表那个玉制的国家，也不能代表后来的青铜王国。

龙山文化的优势在于大融合，先是长江、黄河两河流域的南北大融合，把江南良渚文化与中原庙底沟文化融合起来，再接过良渚文化“兴于东南，成于西北”的文明迁徙的接力棒，来到中国农牧分界线上，将农牧两种生产方式和社会形态的文化融合起来。不仅如此，它还在文化转型中承上启下，继往开来，融合了两个时代——玉器时代和青铜时代。但它对哪一个时代都不具有代表性，因为它既不是玉器时代的经典，也不是青铜时代的经典。它不像良渚文化那样具有原创性，但它却以文化大融合的方式实现了“合众国为一国”。

那个时期，地旷人稀，风物宜人，选个安身处，聚族而居，立国而居，不是不可能。所以，迁徙成为一个文明的常态，不只游牧文化总在迁徙，农耕文化也需要迁徙。二者不同在于，游牧方式逐水草而居，形成太史公所谓“行国”；农耕则筑城而居，谓之“城国”，亦即所谓“城邦”。国之初起，一城为一国，多为小城邦，故国族繁衍，必须向外殖民，于原邦之外，复立新邦，新旧邦相联，即为联邦。联邦之初，先以血缘纽带论亲疏，再以地缘格局分宗属，继以文化认同而“合众国为一国”，确立新的中央之国——中国。

由文化认同形成的中心之国，便是个“文化中国”。文化中国的文化形态，我们称之为“中华”；文化中国的国家形态，我们称之为“中国”。文化中国与王朝中国的文化形态和国家形态大体相同，但不完全一样。文化中国的文化形态呈现为文明的样式，王朝中国的文化形态主要表现为政治教化；文化中国的国家形态是天下为公的“合众国为一国”，王朝中国的国家形态则是个“溥天之下，莫非王土”的世袭的“家天下”。西方人对“中国”的认同，是对文化中国的认同，而非对王朝中国的认同，是对文化中国的文明样式——丝瓷茶认同，而非对王朝中国的意识形态——儒道释认同，认同文化中国而非王权主义。

国家的本质，身在其中，反而蒙昧，要从外面来看，就能看到最明显的那一点。比如，西方人看中国，汉唐时，通过丝绸看，称中国为丝国。宋元时，通过瓷器看，称中国为瓷国。明清时，通过茶叶看，但还未来得及称中国为茶国，就被鸦片战争打断了。

到了20世纪，王朝终结，民国兴起，中国转向民族国家和主权国家，不再以朝代称国，而是直接名之曰中国，但西方人却依然称中国为“China”，还是那个瓷国。

个中缘由，除了一个民族国家和主权国家自称为“中国”有自命为中心之国和中央之国的嫌疑而难以被接受外，也在于西方人对中国认识的传统，还在从文明的样式上而非从国家形态上来确认中国。所以，在当代中国就出现了一个国家主义的悖论，对内自称为中国，对外被称为China。如果有人认真起来，非要问一下“中国”二字的英文究竟，那你就会发现，在英文字典里，就没有“中国”这个国名，因为“地球是个圆，中国在哪一点”？在世界地理和国际关系中没有中心，当然也就没有作为中心和中央之国的“中国”。

中国历史进程里的“中国”，不是世界地理上的中国，也不是国际法的中国，它只适用于以中国为中心的天下观的范围。放到世界地理上来看，那也就是东亚一隅，回到史前来看，就是《尚书·禹贡》的地理框架。那个以“九州”为主体的“中国”，既是对庙底沟类型以来的文化中国的一个历史地理的总结，同时又确立了后世王朝中国的基本定格，成为以“中国”为目标引导历史进程表达国家统一性的蓝图。以此而有两个迥异而相应的图式：一个是基于文化认同的文化中国“合众国为一国”的共和图式，另一个是基于权威认同的王朝中国“家天下”的“莫非王土”的君主专制的大一统图式。我们确立考古的目标，在指导思想上，不是顺着王朝中国脉络往下挖，而是要把那个被王朝中国埋没的文化中国发掘出来。

红陶釜，庙底沟遗址出土，仰韶文化

庙底沟文化遗址位于陕县南关的东南，下层为仰韶文化，上层为龙山文化，两个文化的叠压关系非常明晰，仰韶文化遗存年代约为公元前 3900 年，龙山文化年代约为公元前 2780 年。它们共同奠定了中原文化的底蕴，但庙底沟遗址中的龙山文化表现，又不同于河南龙山文化直接从山东龙山文化而来，而是带有明显的从仰韶文化向龙山文化的过渡性质，因此考古学界将这一现象作为龙山文化的早期阶段，名之为“庙底沟二期文化”，而这一遗址则被定位为具有“承前启后革故鼎新”的史前文化意义。

03

何必寻五帝

—— 孔子从来不说炎黄事

历史上，有两条“司马迁线”，一条从东南往西北，一条由东北向西南，纵横交叉，形成了中国历史地理的大十字，而陶寺文化，便是这两条线的一个交叉口。

放到史前的江山里来看，代表这两条线的，有红山文化和良渚文化。红山文化，从东北往西南，良渚文化，从东南往西北，两支文化一前一后，都落脚到中原。

先是红山文化，沿着“龙门—碣石”一线的农牧文明分界线，从东北往西南，进入中原，良渚文化接踵而来，从东南往西北，顺着那条玉石之路，来到中原。

这两支文化入中原，都以“玉的传人”，而非以“炎黄子孙”身份。

然而，却有人喜欢顺着帝王世系的杆往上爬，比如，郭大顺在《追寻五帝》一书中，针对徐旭生的夏、夷、蛮“三集团”说，提出了一个“新‘三集团’说”。郭说新“三集团”是，以仰韶文化为代表的中原神农氏华族集团，以红山文化为代表活动在燕山南北地区的黄帝集团，以大汶口和良渚文化为代表的兴起于东南沿海的虞夏集团。他把江汉地区的考古文化亦即徐旭生原来说的“苗蛮集团”，并入虞夏集团里，郭这么一变更，就将打破了“五帝本纪”的徐氏“三集团”说，变成向“五帝本纪”的王朝谱系回归了。

考古学为什么要“追寻五帝”？这说明郭的文化视野还滞留在王朝史观里。郭著开门见山，认定司马迁在《史记》里根据传说编撰的《五帝本纪》为“天经地义”，就认为其中“五帝”已然成为中国五千年文明史开端之“通例”。其实《史记·五帝本纪》，出自黄老学派的主张，孔子“宪章文武，祖述尧舜”，从来就不谈黄帝，庄子一谈到黄帝，就当作笑话来讲，把黄帝说成一个失道、求道，在先哲的引导下时而觉悟、偶尔也能得道的后知后觉者。如果孔子、庄子读了《史记·五帝本纪》会怎样想？他们也会认为这是“天经地义”，并且跟着太史公去做“炎黄子孙”吗？当然不会！一个为了“家天下”而做的“天下一家”的假设，它最有价值的地方，就是为历代王朝提供了一个权力合法性来源的想象。

从文化认同回到血缘认同，以血缘认同来确认“家天下”的正当性，以“君父”的名义确立王权的合法性，这在王朝史观里确实“天经地义”。但王朝史观离不开王朝，王朝皮之不存，史观毛将焉附？故其有效性，仅适用于王朝中国三千余年；它既不能适用于王朝中国之前的文化中国，也不能适用于王朝中国以后的中华民国，更不能适用于今天的中国。顺着王朝史观的思维惯性去“追寻五帝”，可以说是考古学的一次大倒退，把考古学的作用降为给《史记·五帝本纪》做注脚，还美其名曰，这是“考古与历史的结合点”。

不知从何时开始，作为科学方法进入中国的考古学转向了，从疑古——怀疑王朝史观，转向信古——维护王朝史观；考古学本身，也从批判王朝史观的利器变成拥护王朝史观的工具。这一转变，有两个背景：一个是显然的民族主义背景，另一个则是隐性的王权主义背景。在民族主义的背景下，兴起了中西文化之争，中国传统中最重要的文化，莫过于史官文化，中国本土考古学参与这场争论，一再强调“考古与历史的结合点”，其实就是与史官文化结合，所谓“信古”，就是对史官文化的认同。而王权主义的背景则有些尴尬，因为王朝中国不再，但隐性的王权主义的影响还在，影响到考古，就恨不得要在史前将最早的王朝中国发掘出来，甚至“天经地义”地认为：“最早的中国”就是王朝中国。

郭大顺说，夏墟在太湖流域，显然这是冲着良渚文化来说的。但太湖流域的良渚文化，其国家形态，还是个一隅之地的方国，并非像殷墟那样的广域王权国家，也没有形成统一性的世袭制王朝，但那确实是夏墟的源头。从这源头出发，沿着“良渚化世界”的路线去寻找夏墟，就发现，它“从东南往西北”去，先是同龙山文化融合了，变成了大龙山文化，良渚文化的夏墟也就变成龙山文化的夏墟。可这夏墟，并未直接赶着往中原去，因为中原彩陶文化非鼎无玉，属于不同文化区系。所以，它沿着黄河自下而上，径往农牧分界线上去，在陶寺文化和石峁文化里，终于出现了“良渚化世界”之标的——礼制化玉器。在这里，农耕文化的夏墟，发展为农牧混合文化的夏墟，江南之越禹，变成塞外戎禹。从“文化中国”的那一面来看，礼制化的“玉的传人”，其实比血缘化的“炎黄子孙”靠谱。

而“玉的传人”形成的一个关键时期，便是陶寺文化时期，这一时期出现了较为清晰的“文化中国”的样式。中国史前两支最重要的玉文化，东北红山文化和东南良渚文化，分别沿着太史公指出的两条影响中国历史运动大势的“司马迁线”进入陶寺文化的地盘，其中虽然难免有文明的冲突在里面，但我们从文化遗存里所见更多的是文化融合。

文化融合，反映了玉文化的一个基本特征，那就是和平。以玉立国，走的就是和平路线，传说中的尧舜禹时期的禅让制——准确地说是尚贤制，就是玉文化的国家化，就是和平路线的制度化，这是玉器时代特有的。到了青铜时代，情况发生了变化，以青铜立国，文明的冲突占了上风，战争路线在国家制度上反映出来，国家就向暴力机器转化。这一转化，带来一系列变化，导致玉器上人文初曙的神像蜕变成“食人未咽”的青铜饕餮纹样，使得具有共和精神的尚贤制堕落为轮流执政确保利益最大化的分赃制，通往了世袭之路。

而陶寺文化，则刚好处于这两个时代的交叉口，那时，它两条腿走路，前脚刚走入玉器时代的庭院，后脚跟着就到了青铜时代的大门口。它不但充分享受了玉器时代的文明成果，还把美轮美奂的“良渚化世界”尽可能地加以吸收，同时，又叩着青铜时代即将到来的门环，呼唤新时代带来的新风流。陶寺文化的底蕴是仰韶文化，仰韶文化的优势是彩陶，而玉器则是它的短板。在发现陶寺遗址之前，仰韶文化玉器出土，不仅数量少，而且形制单调。由此可见，一种发展到极致的文化，在文化转型中是多么难以掉头，陶醉在彩陶文化的优胜中的仰韶人就像后来恋恋不舍玉器时代的良渚人那样，在文化抉择的紧要关头由于立场过于坚定和原则性太强而导致僵化并衰落。在进化中，适应性最为重要，迄今为止，还没见过有一种文化能够永远领先下去，历史上曾经先进的文化，今天看来，大都衰亡了。

石磬，山西襄汾陶寺遗址出土，龙山文化

陶寺龙山文化遗址，位于山西襄汾陶寺村南，距今约四千五百年至三千九百年。在陶寺遗址里，有良渚文化的玉古风，也有新技术文化代表权力的青铜器的“铜臭”味儿。陶寺遗址，有观象台，有宫殿建筑的夯土基址，有大墓与小墓之分化，除了彩陶，还有彩绘木制家具几和案以及鼍鼓、大型石磬等，应该是大型祭祀礼器。尤为值得注意的是，发现一彩绘陶器上还有朱书文字。在龙山时代，只有陶寺遗址基本具备了向文明进行质的飞跃的物化形式，敦促它迎接一个新时代的到来。

玉琮，山西襄汾陶寺遗址出土，龙山文化

陶寺遗址观象台夯土基址

龙山文化以文化大联合的方式，实现“合众国为一国”，虽以良渚文化启动，却是在中原文化区系里完成的，也可以说是在良渚化世界里完成的，那是一个文化认同的中国，我们称之为“文化中国”。

04

玉的国民性

—— 史前那一条玉文化的路线

龙山文化追求“合众国为一国”，大致分为两个时期。

前期，以玉立国，良渚化；后期，从玉器时代过渡到青铜时代，转以青铜立国，走向二里头文化，从“合众国”走向“打天下”，从文化中国向王朝中国转化。

用“大龙山文化”的眼光来看，最初的龙山文化，并非出现在海岱地区，而是出现在杭州湾与太湖流域。良渚文化刚被发现时，以其文化面貌与龙山文化相似，而被命名为“杭州龙山文化”，后来发现“杭州龙山文化”比山东龙山文化还早，就改名为“良渚文化”了。为什么要改名呢？其实，应该从考古发掘的实际出发，反过来把良渚文化看作龙山文化的源头就可以了，没有必要将它们分开，这反映了“中原中心论”的尴尬。

良渚文化就像山东大汶口文化一样，是海岱地区的龙山文化的另一个源头，是这两种文化的互动，产生了龙山文化。从时间上来看，良渚文化起止时间，大约在五千三百年至四千年前，应该说比海岱地区的龙山文化早了一千来年，正是良渚文化在江南太湖流域和杭州湾消失时，龙山文化才开始兴起，并以新姿态站在良渚文化的肩膀上。即使在北方龙山文化的各种类型里，海岱地区的龙山文化虽然典型，但不是最早的。较早出现在北方的龙山文化，是在中原地区的河南，时间大约在四千六百年至四千年前。这一时期，中原龙山文化，上承庙底沟二期，出现了王湾三期、后冈二期和造律台三个类型。庙底沟二期文化，开始向龙山文化转型，它的出现，略早于海岱地区的龙山文化，应该不是从那里传播过来的，而是另有来源。这就使我们想起了良渚文化北上时还有另一支，除了进入海岱地区的一支，还有进入江淮地区薛家岗文化的一支，很可能就是这一支影响了庙底沟二期。

我们知道，庙底沟类型原本没有玉文化，但庙底沟二期却出现了玉。在被确认为庙底沟二期文化的山西芮城清凉寺墓地——坡头遗址里，就出土了作为“良渚化世界”标志的玉璧、玉钺、玉琮等系列化玉石器 200 余件。故中原龙山文化，同海岱地区的龙山文化一样，都是受了良渚文化影响，自发产生，自主形成的，它们有一共同特征，都与本土文化有连续性，对外来文化有包容性。两支龙山文化分头北上，一支从中原跨过黄河，进入临汾盆地，一支从海岱地区出发，沿着黄河自下而上，由东向西，也来到了临汾盆地。

黄河流域的两支龙山文化在中原汇合，成为陶寺文化，再往西北去，进入陕甘地区，同当地文化相结合，而有石峁文化和齐家文化，开辟了一条玉文化的路线。而其中心，就在黄河中游临汾盆地的陶寺文化，以玉石之路为纽带，以玉文化认同为导向，以“良渚化世界”为底蕴，以龙山文化为主体的“合众国为一国”的广域文化中国终于出现了。

诚如郭大顺所言，尧、舜、禹的来历，应该出自东南沿海的他所说的那个“虞夏集团”，我们接着要说的是，这个“虞夏集团”，也就是良渚文化，沿着玉石之路，从东南跑到西北，打开了中国历史运动的一条大通道，形成了中国早期的玉文化的路线，从良渚文化经由龙山文化，连着陶寺文化和石峁文化，一直到达齐家文化。这样一条文化走廊，就是当时的玉石之路，或者把它叫作玉文化的路线，它也就是我们所说的那个“良渚化世界”。

文化中国，说到底，就是个“合众国”，是在文化认同的基础上形成的“联合国”，这就是中国传统里永远为之骄傲的“天下为公”和“人类大同”时期。在中国历史上，没有哪一个王朝胆敢否定这样一个时代，没有哪一个王朝不以这样一个时代为表率。

可以这么说，没有哪一种文化像玉文化那样对中国人影响如此深远，陶器虽然比玉器早，但已被瓷器取代，而瓷器所追求的，便是玉文化的效果，故有“青瓷类玉”一说。西方人对中国瓷器的认同，从某种意义上，也可以说是表达了对玉文化的尊重。瓷器，尤其是素瓷，介于陶器与玉器之间，其烧制工艺似陶，而其成品的形色则“类玉”，以此表现了陶器对玉文化的认同，正是在对玉文化的追求中，粗制的陶器才转化为精制的瓷器。当瓷器取代陶器作为“百姓日用”之物时，玉器却并未退出历史舞台，不仅作为一种文明的样式依然存在，而且在当下市场经济的商品大潮中，玉器依然保持着一代天骄的风采。

尤为神奇的是，就在当年良渚文化一隅——就说苏州吧，五千多年前，各地玉料都运来此地，被加工成玉器，五千年后，依然如此。那一条街，一个小巷和一条弄，似乎重现了良渚人的奇迹。啊，神奇如斯！这究竟是因为同一方水土所具有的文明的再生能力，还是因为从古到今有绵绵不绝的“玉的传人”？作为中国人，但凡略有家资，便要有块玉佩，有个玉镯，或有条玉项链什么的，以此来表明自己的财富身份和文化身份。这似乎已经成了一种集体无意识，也就是我们通常所说的“传统”吧！一代代，“天下同归而殊途，一致而百虑”，就活在这样的“传统”里，早就活成了“玉的传人”，只是“百姓日用而不知”。

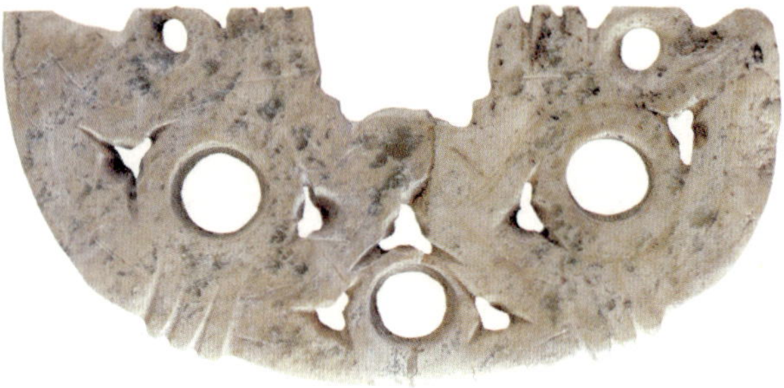

玉璜，浙江杭州余杭反山遗址出土，良渚文化

玉鱼，浙江杭州余杭反山遗址出土，良渚文化

从良渚化世界到龙山文化世界，中国文化源头的脉系和路径逐渐清晰。良渚文化消失以后，良渚化世界通过龙山文化向外蔓延，形成了一个龙山化世界。从山东济南龙山文化遗址开始，经历河南安阳后冈、陕县庙底沟二期及山西芮城清凉寺坡头遗址，再经历陶寺文化遗址，向西延展至陕西神木县石峁文化遗址、甘肃齐家文化遗址，并扩及湖南澧县城头山遗址，都在龙山文化的世界里。不过，在这个已经开始金石并用的龙山化时代，仍保留了良渚玉文化的特征。

玉蝉，肖家屋脊遗址出土

玉盘龙，肖家屋脊遗址出土

玉虎头像，肖家屋脊遗址出土

玉人头像，肖家屋脊遗址出土

长江流域文明曙光湖北天门石家河文化石河城遗址，其中肖家屋脊遗址出土的玉虎头像，与良渚神徽有“神缘”。肖家屋脊遗址出土的玉盘龙与红山文化的C龙或玉猪龙或与陶寺文化有“龙缘”。

石铲，湖北监利柳关遗址出土

玉镯，湖南华容毛家村遗址出土

石斧，湖北荆州桂花树遗址出土

人面形玉佩，重庆巫山大溪文化遗址出土

羊乳状袋足陶鬶，石峡遗址出土

石峡遗址第 17 号墓随葬器物出土情况

兽面纹石琮，石峡遗址出土

浅腹三足陶盘，石峡遗址出土

广东曲江石峡新石器时代遗址出土的陶器，其中兽面纹石琮与良渚文化反山遗址出土的“琮王”神徽有“神缘”。

05

文化大联合

—— 文邑就是文化中国的原型

中国的古代国家起源，可以说是文化大联合的产物。

而大联合，就是由不同文化区系走到一起来合成个文化中国。

文化区系说，是由苏秉琦最早提出的，他把中国史前文化分成六大区系：以长城地带为中心的北方地区，以晋陕豫三省接邻地区为中心的中原地区，以洞庭湖及其邻境地区为中心的长江中游地区，以山东及其邻境为中心的黄河下游地区，以太湖流域及其邻境地区为中心的长江下游地区，以鄱阳湖—珠江三角洲一线为主轴的南方地区。

就在国家起源的入口处，这六大文化区系互动所形成的文化大联合，是以良渚文化为先导，以龙山文化为主导的，对文化统一性的追求，造就了文化中国。

这样的国家起源，走了一条完全不适用于西方文明框架的道路。

在西方文明的框架里，国家是青铜时代的产物，这几乎成了一条流行的文明的定律，可以放诸四海，不仅适用于西方文明的起源，还适用于四大文明古国中的其他三个，唯独不适用于中国。因为中国走了一条独特的道路，一条玉文化的路，走出了一个只属于自己的玉器时代，而中国的古代国家起源就跟这个时代有关，闪耀着玉文化的光芒。

谈起文化大联合，还必须提到那个良渚化世界，文化大联合是在良渚化世界的基础上实现的，也就是说，那六大文化区系里的文化或多或少都受了良渚文化的影响。就像古希腊在东方留下个希腊化世界一样，良渚文化从本土出走以后，就进入六大文化区系，推动文化大联合，在长江与黄河两大流域发展出良渚化世界。尤其是“从东南往西北”那一路，从长江下游渡淮而上，扩展到黄河流域，在对国家体制化和神权信仰的用玉需求刺激下，在玉文化引导下，开辟了一条玉石之路，这也是通往中国的古代国家起源之路。

在长江流域，良渚文化曾进入江汉平原，影响了石家河文化，但没有做大；要做大，得靠玉文化，要走在那条玉石之路上，玉文化才能做大。在良渚文化的推动下，石家河文化后来也沿着玉石之路北上了。在黄河流域，良渚文化进入海岱地区，发展出龙山文化，在龙山文化的主导下，良渚化世界越做越大，终于在黄河中游的临汾盆地里，实现了第一次文化大联合，“合众国为一国”，合成个“文化中国”，形成“尧都”陶寺文化。

令人兴奋的是，在陶寺大墓里，就出土了一件陶制“朱书‘文’字扁壶”，这本是一件灰陶汲水器，器已残缺，扁壶正面鼓腹一侧，赫然出现了朱红毛笔写的“文”字，而背面的另一残片上的笔画似“邑”字。冯时《“文邑”考》一文说，“文”后一字似有残笔，当为“邑”字，故称“文邑”。“文邑”，即“文命之邑”，盖因《史记·夏本纪》“夏禹，名曰文命”而言之，它是个文明的盆地，第一次文化大联合就在这盆地里形成“大邑”。

考古人许宏说，陶寺人都是“拿来主义”者，从西方拿来铜器，从东方拿来玉器，南北兼收，东西并蓄，而成其煌煌大邑。这样说来，固然不错，但我们却认为，与其说是“拿来主义”，毋宁说是一次文化大联合，那“文邑”也就是我们说的“文化中国”。

不同的文化，农耕文化和游牧文化，玉文化和青铜文化，从天南地北，为了追求一个统一的文化中国的理想，终于走到一起来了。反映在陶寺文化的

“前铜礼器”群上，可见其来源多样，琮、璧、环等玉器，或来自良渚，或带有红山文化因素，玉钺多取之于海岱地区大汶口—龙山文化，双孔玉刀则来源于江淮地区，而尖首玉圭，或从中原以西来，彩绘如云纹、回纹、几何纹以及灵饰等，亦能从北方的赵宝沟文化找到源头……总之，“文邑”的形成，并非土生土长的晋南庙底沟文化类型的延续和重复，而是文化大联合的产物。

就在这个名叫“文邑”的山川盆地里，尧、舜发育了礼制文明的文化中国的原型。禹称“文命”，由谁来“命”？当然是尧、舜。尧、舜以“文”为“命”，怪不得孔子要“祖述尧舜”了。原来“郁郁乎文哉”有这么个“文命”传统，故孔子“宪章文武，祖述尧舜”，也以“文命”自许。许宏说，陶寺文化的格局是“大邑小国”，可见文化中国以“邑”为标志，非以“国”为标志。所以，“文邑”就是文化的边疆，没有边界，也无须城墙，而“国”则必须有边界和城墙。陶寺文化的都邑，就在临汾盆地，并不辽阔，可它的大而化之的“文邑”究竟有多大呢？“前铜礼器”群所涉猎的范围，应该就是它的文化的边疆。

本来，散居各处的文化群落，分布于长江南北，大河上下，经由尧、舜、禹的努力，在陶寺文化里形成“文邑”——礼制化的“文命”体系，而有文化中国缘起。国家跟着文化走，文化的边疆有多大，国家就会有多大，这就是“文命”华夏，要把文化的边疆，变成广域王权国家。陶寺人开发了文化的边疆，而夏人则以文化的边疆为天下，即华夏。

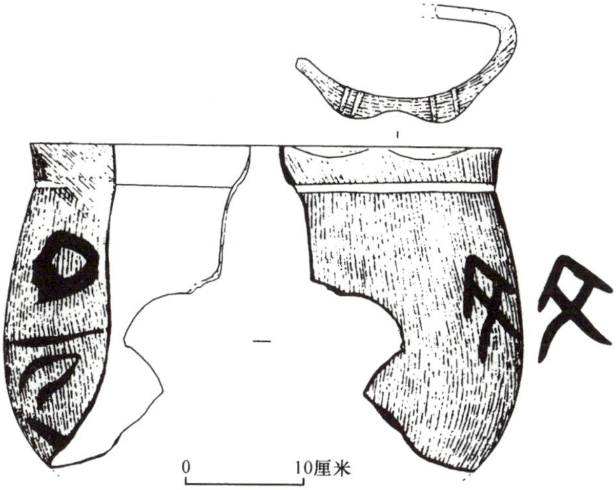

山西襄汾陶寺遗址出土朱书“文”字扁壶（H3403）及“文”字摹本

山西襄汾陶寺遗址出土的陶器扁壶残片上的字样

从这两块带有“文邑”字样的残片上，我们似乎看到了“文化大联合”的初曙之光，有人将“邑”释读为“尧”，看来也通，而且更能强调“文化中国”的时代性和主体性。

06

治水的源头

—— 治水社会的那位原君

在陶寺文化里，玉器明显增多，出现了琮、钺、璧的玉器组合。

这当然与良渚文化有关，尤其是与良渚化的古代国家起源有关。

玉器之外，还有农具，也呈现“良渚化世界”的基本特征，如陶寺遗址出土的“犁状石器”，其中一件，长达半米，堪称巨型，为同一时期的中国北方地区所未见，但它却常见于良渚文化的故土太湖流域。还有两件“有肩石铲”，即带把石刀，在良渚文化中也是常见的破土石器，其他种种，就不多说了。总之，有一个问题就摆在这里，那就是陶寺文化的国家属性，也就是要问一下：陶寺文化，究竟属于什么性质的古代国家？

我们知道，良渚文化早于陶寺文化约千年，但却是个成熟的国家。

赵辉在《良渚的国家形态》一文中指出，良渚社会分工发达，社会分层明显，城市规模巨大。据近来发现，原古城之外，还环绕一外城，使得古城面积倍增至约 800 万平方米。这么大的一个城市需要多少人来建呢？放在小国寡民时代，实在不敢想象，若非能动员整个东南半壁的生产力，进行高度组织化的施工，要建成这个大城市是不可能的。这就告诉我们，有一种新的权力——国家形态的公共权力出现了，这是在农业生产提供剩余价值的基础上形成的国家，是以治水为纽带，顺应河流统一性，开拓出来的文化的边疆。

赵辉指出，良渚文化，在城市水利建设方面，拥有一个高度发达的技术体系，与此相应，还形成了深彻的社会动员能力和高效的组织管理能力。可以这么说，良渚古城，能在一片浅水沼泽上拔地而起，其本身就是整个水利系统的一部分，显然，这是个典型的水利国家形态。但它会不会像魏特夫在《东方专制主义》一书里所说的，是从“治水社会”产生的“专制主义”的一个源头呢？这是一个我们绕不过去的必须正视和回答的问题。

将“东方”作为与“西方”对立的“专制主义”的政治标杆，是“西方中心论”的意识形态预设。如果我们追问“东方”，非要问个究竟，那么就会发现，作为西方文明根底的“二希”——希伯来和古希腊文明，都曾被“西方中心论”看作“东方”，难道说它们也是专门与西方作对的“专制主义”？所以说“东西方”问题其实是个伪问题。

用“西方中心论”眼光来看“西方”，“西方”从根本上就不靠谱。古希腊靠不住——希腊化的基督教被称为“东正教”，“希腊化世界”主要也是在“东方”。希伯来就更靠不住——毕竟古希腊还是欧洲文明的发祥地，而希伯来则是“东方”的产物。

如果说“东方”曾是西方文明的根底，那么从“专制主义”的根底里怎能生长出“西方”的“自由主义”？其实，专制主义和自由主义不能用东西方来划分，应该说，西方也有专制主义，东方也有自由主义。东方也不全然“专制主义”，尤其在古代国家起源时，华夏先民怀着“天下为公”的目标，追求“人类大同”的梦想，走在通往“合众国为一国”的“从东南往西北”的历史地理线上。他们从洪水滔天中走来，逢山开路，遇水行舟，确如魏特夫所言，形成了所谓“治水社会”。但从他们身上，我们看不到一点“东方专制主义”，反倒是后世之人习惯了王朝中国的“专制主义”，就用了他们自己的王朝习惯来看，从王朝的回光返照中，他们看到的都是自己的影子，他们将自己的倒影看作史前文明。当然，也有穿透王朝中国去看史前文明的人，比如黄宗羲在《明夷待访录》中开篇就指出的“原君”，同后世君主不是一路人，“原君”是“治水社会”代表，并非“专制主义”化身。

就从黄宗羲椎心泣血的那片土地，就在五千多年前良渚文化栖居的那方水土，就在《山海经》里有过记载的四明山中，产生了一位“原君”。从“黄宗羲”的姓名里，我们发现，他“宗”的那位“羲”，便是文化中国的“原君”——伏羲。此番觉悟，是在良渚地望，浙东一脉，黄公余姚故里，龙虎山中，梅林道上，梨洲墓前，豁然开朗，诗曰：

自有原君非炎黄，独往源头作主张。
到此听得梅花语，宗羲所指乃羲皇。

而在良渚古城里作为“治水社会”代表的那位“原君”，最有名的，应该就是那位传说中的“禹”吧。禹的存在与传说，沿着“从东南往西北”的中国运势线，从良渚古城来到陶寺古城那一边。那禹啊，并非一人，亦非一时之存在，或为一族，或为一文化类型。总之，他就是超越了个体生命的关于“禹”的一个具有神人二重性的文化传承。

在良渚古城，他被人称为“越禹”，到了陶寺古城，他就成了“戎禹”。作为“治水社会”的典型代表，他以“戎禹”身份进入陕、甘地区，勘察黄河源流，在甘肃西南部积石山一带，黄土高原与青藏高原交会处，发现了黄河源头。《尚书·禹贡》载，禹“导河自积石，至龙门，入于沧海”，

《史记·夏本纪》也有这样的记载。所以，我们从齐家文化、石峁文化似乎看到他来回的身影，他顺流而下，以“治水社会”模式，实现了黄河流域的统一性，完成了从“越禹”向“戎禹”转变，以及从良渚文化的禹向龙山文化的禹的转型。

他治水，并非靠着一个世袭的君主专制与中央集权的国家组织，而是凭借着“合众国为一国”的联邦化的公共权力，顺应大河流域天然就有的流域统一性，形成了“天下为公，人类大同”的共识，并以此为文化认同，建立了第一个基于人类正当性的命运共同体。有人称之为“华夏”，或曰“中华”，我们称它是“文化中国”。这也就是历史上传说的“尧舜之国”，亦即“治水社会”的尧、舜、禹时期。对于文化中国的追求，如果从良渚文化算起，起码有一千年，若从庙底沟类型算起，又何止两千年……正是“治水”这样一个文明的契机，使得满天星斗、遍地开花的各种文化，从天南地北走到一起，在古代国家起源的入口处——黄河流域的中原，形成了一个基于文化认同的国家——“文化中国”，我们也将它称为“中华”。它虽然看似魏特夫所说的“治水社会”，但它并非“东方专制主义”的缘起。

石刀，山西襄汾陶寺遗址出土，龙山文化

彩绘陶扁壶，山西襄汾陶寺遗址出土，龙山文化

07

文明的初心

—— 东方专制主义来源于青铜文化

“专制主义”，也不是说来就来的，来必有因。

它的到来，最起码要满足时代性和制度化两个条件。

一要时代转型，刚好青铜时代到来，使玉器时代转向青铜时代；二要制度转型，时代变了，人们的国家观念跟着也要变，国家的制度安排也随之而变。

国家的来源，从文化认同转向武力统一；国家的前途，从和平发展转向征战立国；国家的制度安排，从尚贤制转向世袭制，从“天下为公”的公共权力转向“家天下”的君主专制，“专制主义”内部还有一个转型，那就是从分封制转向中央集权。

时代变了，青铜时代到来，带来一种新兴的暴力美学，改变了玉器时代表达原始信仰的属灵美学。哪怕是同样的纹饰，在玉器上，就因其玉润，而显得一派祥和，到了青铜器上，则以其阴冷的金属性，而表现出征服者的狞厉之美。这样的狞厉之美，才是“东方专制主义”崛起的宣言，它改变了“天道伊甸园”式的国家制度和观念，在对“天下为公，人类大同”的解构中，凸显了国家的利维坦气质——所有权力都趋于专制主义。

这是不论东方和西方的，好在“二希”文明有一种法治精神，约束了国家权力的本质。而中国文化，对于自己的国家，一直就抱着玉器时代就已形成的“天下为公，人类大同”的美好初心，即使面对专制主义也是初心不改，依然将最美好的理想奉献给自己的国家，就像黄宗羲那样呼唤“原君”，中国文化五千年不败，就因为初心未改。

玉的传人还在等待，等待着那个“天下为公，人类大同”的理想国的到来，不管经历多少苦难，忍受怎样的摧残，还是“春风杨柳万千条，六亿神州尽舜尧”。

近代以来，西学东渐，无论怎么西化，徐继畲从美国看到的，依然还是那个“合众国为一国”的尧舜之国，是“天下为公，人类大同”的礼运式理想，郭嵩焘在英国看到的，还是那个玉器时代的遗产——先王之道和礼仪之邦。到了民族危亡的紧要关头，仁人志士用来救世的革命口号，便是高擎着中国文明的初心：天下为公和人类大同。

我们喜欢康德，想来，不光是因为康德“头顶上的星空与心中的道德律”，能引起我们“上下与天地同流”的精神享受，也不光是因为康德强调了认识论的主体性自然而然就使我们产生了感发的联想——“吾心即宇宙”，而是因为康德面向未来的批判的历史理性，更能重启我们中国文明的最美好的初心。当康德向我们指出，历史理性必然向人类共和国和世界公民迈进，我们仿佛就听到了五千年前“天下为公，人类大同”的回音。

青铜时代到来，改变了中国文化的面貌，但未能改变中国文明的初心。可青铜时代，亦非挟雷携电，突然就来，而是经历了一个漫长的过程。最早的青铜器，出现在中国西部，就在五千多年前仰韶文化的西部类型，以彩陶著称的马家窑文化里，出现了一把青铜刀，就是这把刀，预告了一个新时代的来临。也许那把刀的文化源头更为遥远，可以肯定的是，它不是来自东方的仰韶文化，亦非本土制造，因为孤零零的一把刀，不能代表一个文化体系，也不足以说明一种生产方式。它的来源应该在西方，是西方青铜文化的产物，是通过东西方的那条彩陶之路流传过来的。我们所说的“西方”，当然不是“西方中心论”里作为文化标志的“西方”，而是作为地域存在的地理空间，在中亚或西亚，亦即汉唐之“西域”。

如果说“东方专制主义”是青铜时代的产物，那么，对于中国而言，这种“专制主义”，就不是从中国本土产生的，而是从西方也就是汉唐所谓“西域”传过来的。在“西方中心论”者看来，中国的西域，依然是他们所说的“东方”，只是分了“近东”“中东”“远东”而已，并不妨碍他们一刀切式地贴上文明属性的标签，名之曰“东方专制主义”。

如前所述，玉文化的边疆，“从东南往西北”进展，而青铜文化，则反其道而行之，“从西北往东南”，从齐家文化到石峁文化再到陶寺文化与二里头文化，一路向东，向东，再向东。大约在四千年前，良渚文化的动力到了再而衰，三而竭的时期，龙山文化便从西北一路获得了新的文化动力源，拉开了青铜时代的序幕。玉器时代，国之大事在祀，悠悠万事，唯“祀”为大，到了青铜时代，就变成“国之大事，在祀与戎”了。增加一个“戎”字，强调了战争的重要性，这就改变了玉文化的国家制度与观念，国家形态也从文化认同的“合众国”转向赢家通吃的“家天下”了，而青铜器，就成了“打天下”的国之利器。

因此，我们说“专制主义”的源头，在青铜时代，表现为青铜文化，不能归结为“治水社会”，更不能说是因为治水导致了“专制主义”的国家，也就是说，王朝中国是在“打天下”“坐天下”的青铜文化中形成的，而“治水社会”，则显然被“专制主义”用来作为统治国土与国民实现大一统的便利工具，魏特夫在这一点上看来是倒果为因了。

青铜短刀，甘肃东乡族自治县林家村马家窑文化遗址出土

孤零零的一把青铜刀，是迄今所知我国青铜时代最早的青铜器，距今约五千年，其原材料有可能出自铜锡共生矿的冶熔，含锡量为6%~10%，孤立于仰韶本土文化中，在玉石陶器时代，的确突兀醒目，但还难言青铜制造滥觞。

齐家文化分布比较广泛，东起泾水渭水流域，西达青海湖畔，南抵白龙江流域，北至内蒙古自治区阿拉善左旗鹿团山附近。

齐家文化凸面镜，直径6.03厘米，厚0.2厘米，背面有桥形纽，纽有穿孔，1975年甘肃广河齐家坪出土

铜铃，山西襄汾陶寺遗址出土，龙山文化

经碳-14测定，位于山西襄汾县的陶寺文化，距今约四千五百年至三千九百年，而甘肃广河齐家文化，距今约四千年，与陶寺文化几乎同时。考古人1983年在陶寺遗址发现了一件红铜铸造的铜铃，但截至目前，还未发现该遗址有冶铜工坊。可齐家文化的武威皇娘娘台遗址，则发现了红铜器物，如铜刀、铜凿、铜锥等众多铜器，加上齐家文化不同的地点出的铜镜，可知齐家文化刚刚迈进青铜时代的门槛，铜器工具开始进入日常生活，以玉器与陶器为主的文化气质开始转型，青铜器的数量以及广泛使用，尤其用于战争，导致人类文明向国家转型。

08

社会的由来

——社稷比社会重要的家国

在中国传统中，作为国家形态的“社稷”，比“社会”重要。

作为社会形态的“社会”，很少在国家观念和国家事务中出现，多半在民间活动中出现，作为民间活动的一种自发性的组织形式和契约方式，而次于“社稷”。

若对它们进行比较，那么就先后言之，是先有“社稷”，后有“社会”；就体用言之，则是“社稷”为体，“社会”为用；就本末言之，“社稷”为本，“社会”为末。如果还要把它们放到古代国家观念上来看，若以“社稷”为国体、国本，那么“社会”就是国用、国末。总而言之，若以“社稷”为国家的母体，那么“社会”就是接生婆。

所谓“社稷”，便是土神和谷神。分别言之，“社”为土神，治“五土”——山林、川泽、丘陵、坟衍、原隰，“稷”为谷神，职“五谷”——稻、黍、稷、麦、菽。

甲骨文中，“社”与“土”一样，都像女性生殖器，代表母体，而“稷”的象形，则是一个倒退着插秧的人，竟也能成为神。中国的神，也要以人为本，这一点，与古希腊神话不同。古希腊神话中，虽然神与人同体同形，但人是人，神是神，两者是分开的，各有各的世界。在中国传统里，历史与神话交错，神由人转化而来，通过历史活动造神，是中国神话的主流，《史记·五帝本纪》里的“五帝”，是人又是神，具有神人二重性，不仅史官文化如是，民俗文化也如此，门神秦琼、财神关羽，都是历史人物被“社会”封神。

“社稷”也是这样被封神的。相传“社”是共工之子句龙。《春秋左氏传》曰“共工之子句龙为社神”，又有《诗经·小雅》“以社以方”疏曰：“社，五土之神，能生万物者，以古之有大功者配之。共工氏有子句龙为后土，能平九州，故祀以为社。后土，土官之名，故世人谓社为后土。”在这里，“句龙”不是作为土神出现，而是以国家土地管理者——“后土”身份配祀。“后”同“司”，“后土”即“司土”，其职能为“平整水土”，亦即“治水”。这两种说法不矛盾，正好是“社”的神人二重性的反映。“稷”为谷神，周人的始祖，就是“后稷”，所谓“后稷”，就是“司稷”，职掌农业，或曰为“司农”。此二人者，皆从国家职能的神化中，作为“古之有大功者”，也就是某项职能的神化代表而获得神性。

国家封神，反映了古代国家起源时神话与历史交错的状况，“社稷”的出现，便是国家神化的产物。殷周之际，中国的国家观念发生了从神化到圣化的转变，在这一转变过程中，有些古代国家起源时体现国家职能的神，纷纷跌落神坛。孔子“不语怪力乱神”，就如同苏格拉底批评奥林匹亚诸神一样，反映了国家的理性化进程。在中国，国家的理性化，就表现为“圣化”，圣人取代神成为国家观念的代表。而“社稷”之神却没有在圣化中跌落神坛，不仅没有跌落，反而得到升华，正是圣化使“社稷”从国家的某种职能上升为国家的本质，使得“社稷”二字，成为国家的代名词，以至于有“国君死社稷”一说。

于是，在国家制度安排上，就出现了这样的情况：建国之神位，右社稷而左宗庙。在家天下里，“宗庙”是最重要的，代表血缘，是国家的父本，

“社稷”与之并列，代表地缘，是国家的母本，二者互动，就产生了宗法制和天下观相结合的国体——君主。

然而，在孟子看来，这是不够的，他提出，在制度安排上，应该做到：“民为贵，社稷次之，君为轻。”把“民”放在第一位，把“社稷”放在第二位，合起来，便成了一句“天下是天下人的天下”。“社稷”，应该与人民结合，而非与“宗庙”结合，这样产生的国体，就应该是民主，而非君主，即便要有君主，那也必须是“民贵君轻”的。

说归说，做归做，孟子这样说了，理论上，当然没人反对，但事实上，也没人去做，体制化的要求，还是“右社稷而左宗庙”，这样形成的国体，不是由人民与“社稷”结合产生的民主，而是由“宗庙”与“社稷”结合产生的宗法制君主，不是从“社稷”来的人民成为民主，而是从“宗庙”来的“敬天法祖”的天子成为国家的世袭制的君主。

“右社稷而左宗庙”，这样的情形，我们在北京故宫旁还可以看到，在中山公园内，就有一座社稷坛，保留了明清时期的老样式，笔者一见，顿生感慨，诗曰：

天子脚下五色土，配以四季出五谷。
中有一块江山石，宣告社稷我做主。

显然，这应该就是《礼记·祭法》里说的“大社”。人非土不立，天子封土立社，是为了向“群姓”——百官及兆民“示有土也”，也就是确立“溥天之下，莫非王土；率土之滨，莫非王臣”。以五色土立社——“王土”，以五谷立稷——“王臣”，以江山石立天下——“大社”。天子立“大社”，那是为天下人立，为自己立，叫作“王社”，差别在于，“大社”，宣示“溥天之下”“率土之滨”，而“王社”，则宣示天子所在的畿内之地。

那时，自天子以至于庶民，皆有立社权力，对于不同阶层，有不同要求。《礼记·祭法》说："诸侯为百姓立社曰国社，诸侯自为立社曰侯社，大夫以下成群立社曰置社。"天子、诸侯立社，带有公社性质，天子为人民立社，立的是人民公社，诸侯为国民立社，立的也是国民公社；不光立公社，还立私社，家国两分，公私兼顾，没要求他们大公无私。不光天子、诸侯如此分明，就连《诗经》里的农民也是"雨我公田，遂及我私"的。

在家与国之间，曾经有过一个公共空间，那就是公社。它是从国家职能里派生出来，反映国家本质要求的，有点像我们现在所谓的"社会团体"，都是国家公共属性的外延。它有一个重要的功能，那就是"群众"功能，这一功能，要通过"会"来实现，由此而形成的"社会"，便属于群众性的"结社集会"。"社"是组织群众、发动群众的场所，而"会"则是开展群众活动的方式。这样的"社会"，显然不是古代国家起源的起因，而是国家带来的后果，它与西方市民社会、契约社会的性质完全不同。所以，我们认为，在古代中国，根本不存在魏特夫所说的导致古代国家起源的"治水社会"，即使有，也是"社稷"的延伸。

在中国的国家观念里，有个"家—国—天下"的三段论，这与西方人的"家庭—社会—国家"的观念，大相径庭。西方人的国家，是从"社会"形成的，而中国国家的形成，是从家到国，中间没有经过那个"社会"的环节。如果硬要按照西方标准，强调国家必须起源于某种社会形态，那也是与家族、宗族相近的宗法社会，而非魏特夫所说的那个"治水社会"。对于中国古代国家起源来说，要有文化的江山形态与文化的社会形态合流。

金文“稷”字，左边是禾苗，
右边上为田，下为一人耕田